JN084968

 60分で身につくビジネス教養

図解と事例でわかる

DAO

ブロックチェーンで実装される「分散型自律組織」の基本

白辺 陽・著

60 Minutes Best Guide of Liberal Arts for Businesspeople
[DAO：Decentralized Autonomous Organization]

SB Creative

本書に関するお問い合わせ

この度は小社書籍をご購入いただき誠にありがとうございます。小社では本書の内容に関するご質問を受け付けております。本書を読み進めていただきます中でご不明な箇所がございましたらお問い合わせください。なお、ご質問の前に小社 Web サイトで「正誤表」をご確認ください。最新の正誤情報を下記の Web ページに掲載しております。

本書サポートページ
https://isbn2.sbcr.jp/18896/

上記ページのサポート情報にある「正誤情報」のリンクをクリックしてください。なお、正誤情報がない場合、リンクは用意されていません。

ご質問送付先

ご質問については下記のいずれかの方法をご利用ください。

▶ Web ページより
上記のサポートページ内にある「お問い合わせ」をクリックしていただくと、メールフォームが開きます。要綱に従ってご質問をご記入の上、送信してください。

▶郵送
郵送の場合は下記までお願いいたします。
〒 106-0032　東京都港区六本木 2-4-5
SB クリエイティブ　読者サポート係

はじめに

DAOって、いったい何なの？？

　最近、ニュース等でもこの言葉を見かけることが多くなりました。

　でも、よく分からない言葉ですよね。

　一般的な解説を読むと、組織の管理形態が中央集権から分散型になるとか、今までの組織よりもオープンで自由で公平な組織であるとか、そのような言葉でDAOのことが説明されています。その説明を読んでも、DAOの実態について、いまいちピンとこないという方が多いのではないでしょうか。

そんなふわっとした説明じゃなくて、もっとちゃんとDAOのことを知りたい。

　そう思った方には、本書がぴったりです。

　DAOの登場には、ブロックチェーンの技術が深く関係しています。まずこの技術のことを知らないと、DAOの本質を理解することはとても難しいでしょう。

　それもそのはずであり、DAO自体が、10年前には全くアイデアもコンセプトも存在しなかったような組織なのです。そして、この組織は、ブロックチェーン技術を高度に活用することによって実現されているので、ブロックチェーン技術をどのように活用しているのか、誰がどのような利益を得られるのかという本質部分を抜きに、抽象的な言葉で外形的に説明されても理解できるはずがありません。

　本書では、ブロックチェーン技術を外形的なイメージだけで説明するのではなく、その本質部分にしっかりと焦点を当てています。だからこそ、DAOが登場した経緯や特徴について、「なるほど、そうだったのか」と腹落ちして理解できるはずです。

ブロックチェーンの技術は、ものすごいスピードで進化しています。

本書でもしっかりと説明しますが、それに付随して新しい言葉が雨後のタケノコのように登場しています。こんな言葉を聞いたことがあるでしょうか？

NFT、DeFi（分散型金融）、Web3

まだ、言葉の意味が分からなくても大丈夫です。これらについてもしっかりと本書で解説します。

重要なことは、ブロックチェーンを土台として発展したこれらのサービスのほぼ全てについて、実は裏側でDAOが大きな役割を果たしていたということです。

DAOとは、分散型自律組織（Decentralized Autonomous Organization）の略称です。非常に大雑把に言うと、「信頼できる自動プログラムを通じて、個々のメンバーが意思決定に参加できる自律的な組織」のことを指しています。

DAOの中では、様々なルールを組み込んだソフトウェアが自動実行されます。これにより、個々のメンバーの意思表明をルールに従って処理し、組織としての意思決定、行動を行うことができます。

そして、このソフトウェア自体もブロックチェーン技術をベースとして構築されています。DAOの中には投資等の目的で数十億円、数百億円の資産を持つものもありますが、事実上改ざんが不可能なブロックチェーンの技術が前提となっているからこそ、巨額の資産を預けられる信頼性の高い仕組みになっているのです。

先ほど例示したNFT、DeFiのような革新的なサービスを発展させるためには、様々な関係者が同じ目的の下で協働する必要がありました。初期創業メンバー、投資家、システムを構築・改善するエンジニア、NFT等のコンテンツを作り出すアーティスト、等々です。

DAOがあれば、これらの関係者がしっかりと意見を戦わせながらも、組織として最終的に意思決定を行い、貢献度が高い人にしっかりと報酬を支払う

ことができます。

　だからこそ、これらのサービスがここ数年で急速に花開いたのです。

　そういう意味で、これまでは DAO は縁の下の力持ちでした。しかし、2023年以降、**DAO 自体も非常に注目を浴びる**のではないかと予想しています。

　DAO の本質を理解するには、**典型的な実例を見ることが一番の近道**です。

　そこで、本書では、The DAO、The LAO、Maker DAO、プレジャー DAO といった実例の紹介に紙幅を割き、各 DAO における具体的な組織運営方法、ルール、投資対象、過去に発生した事件等を紹介します。

　本書をご覧いただければ、新しく生まれた DAO という世界を具体的にイメージすることができると思います。

　それは、きっとワクワクする体験です。今まで知らなかった新しい世界に触れて、驚きを味わってみてください。

白辺 陽

Contents

Introduction

01 DAOの全体像

DAOとは一体どのようなもので、具体的にどんな種類のものがあるのでしょうか。
最初に、鳥瞰図的に全体像を俯瞰します。

KEYWORD
- DAO
- 分散型自律組織
- ブロックチェーン

新しい組織のかたち、DAO

DAO（分散型自律組織）とは、信頼できる自動プログラムを通じて、個々のメンバーが意思決定に参加できる自律的な組織のことです。そして、この組織の根幹部分は、**ブロックチェーン**の技術で支えられています。

DeepDAOのウェブサイト。世界中のDAOが登録されている。
https://deepdao.io/organizations

DAOという言葉を初めて聞いたという方も多いと思いますが、実はすでに、世界中で様々なDAOが存在しています。

　DAO の情報をまとめた DeepDAO というサイトには、本書執筆時点（2023 年 2 月）で 2,200 個以上の DAO が登録されています。

　とはいえ、ここに挙げられた DAO も存在するものの一部に過ぎません。ここには、メンバー数や、流通しているトークン^{注1}の資産規模が大きなものばかりが載せられているからです。

　特に、2021 年から 2022 年にかけて DAO の数は飛躍的に伸びました。総数がいくつあるのかについても定説がありません。数千個存在することは確かですし、既に万単位の水準になっているのかもしれません。

　そして、これらの DAO の目的、形態、特徴は様々です。あまりにも多種多様な DAO があるので、逆に最初にこの世界を目にした人にとっては全てが同じに見えるでしょうし、何がどう違うのか区別することも難しいでしょう。

　それに、DAO と呼ばれているものの幅は広く、一言で DAO を定義することも難しい状況です。

　「はじめに」で、DAO とは**「信頼できる自動プログラムを通じて、個々のメンバーが意思決定に参加できる自律的な組織」**であると、筆者なりの定義を説明しました。人によっては DAO をさらに広義に捉えて、自動プログラムを全く使っていないコミュニティについても、**分散型**で管理されているという共通点をもとに DAO と呼んでいる例もあるようです。

　本書では、少なくとも**ブロックチェーン技術をベースとした自動プログラムを活用するもの**を DAO として捉えています。この自動プログラムのことを、一般的には**スマートコントラクト**と呼んでいます（P. 176）。

　また、DAO には様々なスキルを持った専門家が集まってきます。ブロックチェーン技術やプログラミングに詳しいエンジニアはもちろんのこと、投資家、企業経営者、アーティストといった人々も多くいます。なぜなら DAO は、**自分の能力を活用して報酬（金銭的報酬や社会的報酬）を得られる仕組みになっている**からです。

注1：ブロックチェーン技術で作られたデータのこと。仮想通貨もその実体はトークン。

さて、全てが新しいこの世界を見ていく際には、鳥瞰図的に世界全体を表現したような地図が欲しいところです。幸い近年では、**「DAO LANDSCAPE」**[注2]というものが公開されていて、多種多様なDAOをその特徴別に分類してくれています。

DAOの種類の一部

分類	分類の訳	内容
Protocol DAO	プロトコルDAO	分散型金融への活用
Investment DAO	投資DAO	経済的利益を追求
Collector DAO	コレクターDAO	アート作品等の収集
Social DAO	ソーシャルDAO	コミュニティ活動
DAO Operating Systems	DAOを作るDAO	DAOの作成
Grants DAO	グランツDAO	社会的利益を追求
Service DAO	サービスDAO	労働サービスで報酬を得る
Media DAO	メディアDAO	ニュース等のメディア

「DAO LANDSCAPE」より

このLANDSCAPE自体にも様々なバージョンがあり、DAOの分類方法も若干異なることがあります。それはDAO自体が新しい存在であり、これらの分類についてもまだ市民権を得た「定説」が存在していないためです。

とはいえ、この図に記載されている主要なカテゴリについて、それぞれここから解説していきます。

注2：https://coopahtroopa.mirror.xyz/_EDyn4cs9tDoOxNGZLfKL7JjLo5rGkkEfRa_a-6VEWw

02　本書で紹介する DAO の分類と特徴

いきなり新しい言葉が色々と登場したので戸惑ったかもしれません。安心してください。順を追って、DAOの実像を丁寧に紹介していきます。まずは、本書で紹介するDAOについて、大まかな姿を説明します。

KEYWORD

- プロトコルDAO
- 投資DAO
- コレクターDAO
- ソーシャルDAO
- DAOを作るDAO

代表的な5つの分類

本書では前セクションで紹介したDAOの分類のうち、代表的な以下の5種類について解説を行います。

- プロトコルDAO
- 投資DAO
- コレクターDAO
- ソーシャルDAO
- DAOを作るDAO

プロトコルDAO

本書での紹介：MakerDAO（P.23）

DAOはもともと、仮想通貨の発行や投資サービスを行う組織を、上手く運営するために作られました。このような原始的なDAOを、あえて分類してよぶと「**プロトコルDAO**」という名前になります。

プロトコル[注3]とは、DeFi（分散型金融）（P.177）の分野でよく使われる言葉です。DeFiのサービスでは、仮想通貨の貸し出しや異なる仮想通貨の交換といった金融サービスを自動で実行しているのですが、このプログラムそのも

ののことをプロトコルと呼んでいます。 具体的なサービス名称だと、MakerDAOをささえるプログラムが「Makerプロトコル」、Compoundをささえるプログラムが「Compoundプロトコル」といった具合になります。

　仮想通貨に関連するそれぞれのサービスでは、そのサービス内容を変更しようとすると利害が対立する人がいます。 そのためプロトコルDAOには、多数の利害関係者の間で、公平に意思決定を行うための仕組みを備えています。

　本書では、プロトコルDAOの代表例としてMakerDAOについて紹介します。

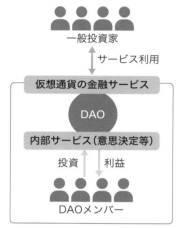

プロトコルDAOのイメージ

注3：プロトコルとは、なかなか日本語に訳すことが難しい言葉で、文脈によって様々な言葉を使って翻訳する必要があります。基本的には「手順、手続き、指令、命令」等の意味であり、ITの世界でも通信プロトコル（通信手順という意味）といった用語の使い方をします。

投資DAO

本書での紹介：The DAO (P.43)、The LAO (P.61)

　投資DAOとは、その名の通り、投資すること自体を目的に設立したDAOです。

　投資の対象は他の暗号資産（仮想通貨や、高額で取引されるNFT[注4]等）になることが多いですが、実物資産への投資を行うDAOもあります。また、他のDAOへ投資するということ（P.68）もあります。

　本書では、世界で最初のDAOとなった「The DAO」の概要とそこで発生した事件について詳述します。また、その後に誕生したThe LAOを紹介し、The DAOの事件を踏まえて、どのような対策を行ったかを説明します。

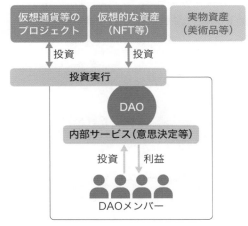

投資DAOのイメージ

注4：取引履歴を技術的に保証するデジタル技術のこと。または、この技術を使って流通しているアート作品等のことも指す（P.183）。

コレクターDAO

本書での紹介：フラミンゴDAO（P.77）、プレジャーDAO（P.83）

　コレクターDAOとは、NFT技術を使ったアート作品（以下、単純にNFT
と呼びます）等の資産を共同で購入、投資することを主目的としたDAOです。

　そのような意味では前述の投資DAOの一種でもあるのですが、コレクター
DAOは芸術的、美術的に価値が高いものを中心に投資しているということ
が特徴です。

　投資対象はNFTだけでなく、実物のアート作品となることもあります。
ただ、現時点では、NFTへの投資が圧倒的に多くなっています。

　投資家たちにとっても、NFT等のアート作品の資産価値を判断すること
は非常に困難です。このような一般人には取引が難しい領域こそ、DAOと
して専門家を集める価値が高いのかもしれません。

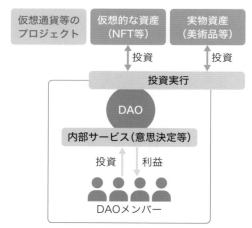

コレクターDAOのイメージ

ソーシャルDAO

本書での紹介：FWB（P.97）

　ソーシャルDAOは、投資だけを目的にした組織ではなく、オンラインコミュニティとして同じ目的、同じ考え方を持つ人々が集まり、意見交換し、社会的な活動を行うことを主目的としたDAOです。

　例えるならば、イベントサークルのようなものです。世界各国の様々な都市で、音楽イベントや街歩きイベントなど、数多くのイベントが企画されています。ソーシャルDAOのメンバーになれば、ネット上のバーチャルな交流だけでなく、このようなリアルのイベントに参加して新しい友人やビジネスパートナーを見つけることができるのです。

　入会にあたってはある程度の審査が必要であり、組織の既存メンバーに認められた人のみが参加できるという形態を取ることが多いようです。

　本書では、ソーシャルDAOとして有名なFWBについて紹介します。

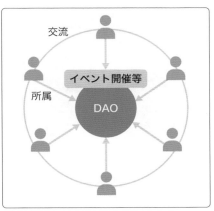

ソーシャルDAOのイメージ

DAOを作るDAO

本書での紹介：Aragon（P.105）

　他にも様々な目的のDAOが存在します。

　少し異色なものとして、DAOの仕組み自体を簡易に実現できるサービスを提供するDAOもいくつか登場しています。

　本書では、代表的な事例としてAragonを紹介します。

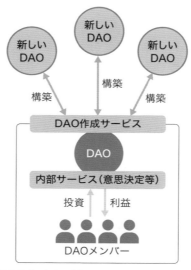

DAOを作るDAOのイメージ

　このように、本書では5種類のDAOについて、実例を通して詳細に説明します。それにより最近のDAOの実態をご理解いただけると思います。

　DAOには多くの種類があるので、それを総花的に説明しても概要にとどまってしまい、本質部分を説明できません。そこで本書では、むしろ**特定のDAOの説明に特化**することで、それぞれのDAOの特徴、組織形態、具体的なサービス内容、過去の経緯等を深掘りして説明することとしました。

　紹介するDAOの選定にあたっては、歴史的に重要なもの、シェアや影響度が高いもの、特徴的で面白いものを中心としました。

そして、事例を紹介した後のPart 6で、DAO全体としての特徴、長所、短所、法的整備状況、活用分野、今後の期待についてまとめています。

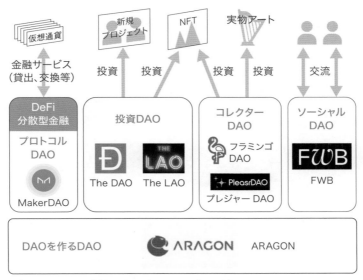

5種類のDAOの例とそれぞれのサービスの違い

DAOと既存組織との違い

ウェブで検索するとDAOの解説はたくさん出てきますが、Aragonがまとめている内容が比較的分かりやすいと思いますので、その図を引用します。解説は筆者によるものです。

Aragon がまとめている DAO と既存組織の違い

https://aragon.org/dao

　DAO を既存組織と比べると、以下のような特徴があります。

▶ メンバーのつながりが緩い (Loose)

　従来の組織では、雇用契約や就業規則など様々なルールによってメンバーの権利や義務が規定されています。一方で、DAO の場合は参加するのも脱退するのも基本的には自由であり、一般的には各 DAO が発行するトークン（ガバナンストークン）を購入すれば組織運営に参加できるという緩いつながりを持っていることが特徴です。

▶ 草の根的な構造 (Grassroots)

　組織が、従来組織のようなピラミッド形態ではありません。例えば会社であれば社長をトップに、本部長、部長、課長と階層的に権限と責任が割り当てられています。一方で、DAO にはそのような階層はなく、全員が対等な関係にあります。

　また、DAO のメンバー間のコミュニケーションには、Discord（チャットツール）を使うなど、フランクでオープンな議論が好まれています。その意

味でも、草の根活動的な雰囲気が強いと言えるでしょう。

▶ ガバナンス内容がオープンに公開されている (Transparent)

　これは従来の組織とは大きく異なるところですが、投資対象の決定や、組織内のルールの変更といった意思決定の過程が、全て公開されています。DAO の全メンバーに公開されるのはもちろんのこと、ほとんどの場合においてウェブで DAO のメンバー外にも一般公開されています。

　しかも、それぞれの議案に対して、誰が提案して、誰が賛成・反対したのかという意思決定の過程も全て公開されています。

　なお、DAO のメンバーは匿名参加することが多いので、実名ではなく ID が公開されるかたちになります。ただ、多くの議決権を持つような有力なメンバーについては、事実上、実名と ID が結びついている場合も多いです。

▶ 自由に参加できる (Open)

　多くの DAO には、誰でも参加できます。DAO に参加するためにはガバナンストークンが必要になりますが、それは、仮想通貨の取引所や DeFi の各サービスを通じて、誰でも購入することができます。

　ただし、全ての DAO に自由に参加できるわけではありません。投資 DAO やコレクター DAO では、DAO のレベルを保つためにメンバー数の上限を定め、さらにメンバーの参加要件も厳しく定めているものもあります (The LAO、フラミンゴ DAO 等)。

　また、ソーシャル DAO の例では、メンバーの参加に対して既存メンバーの委員会による審査が行われているということもあります (FWB)。

▶ 完全にグローバル (Fully Global)

　基本的に、DAO はグローバルな組織であり、国籍、居住地等を問わず、誰でも参加することができます。

　なお、投資 DAO 等の中には、メンバーを米国のみに絞っているものもあります。ただしこれは、現行の法制度に合わせるためであることが理由です。

21

03 本書の前提知識

本書ではスムーズに学習を進められるように、基本的なワードをAppendixにまとめて「重要キーワード」として紹介しています。

　本書はベースとなる仮想通貨（暗号資産）の技術や用語を知らない完全初心者の方にも、DAOについてわかるように丁寧かつ簡潔に解説することを目指しています。

　一方で、基本的である用語についてはご理解いただいている読者の方も増えてきており、その部分を丁寧に書くと冗長に感じるかもしれません。

　そこで本書では、基本的である用語の解説をAppendixにまとめることとしました。次の用語の意味について理解が不足していると感じる方は、まずAppendixからご覧いただくことをおススメします。

- ブロックチェーン（P.164）
- ビットコイン（P.171）
- イーサリアム（P.173）
- スマートコントラクト（P.176）
- DeFi（分散型金融）（P.177）
- NFT（P.183）
- Web3（P.188）

Chapter **1**

MakerDAO

04 MakerDAOの概要

MakerDAOは、プロトコルDAOの代表的な存在です。数あるDAOの中でも黎明期に構想・設立され、今に至るまで長期にわたって活動を続けています。

このDAOには多くの利用者が集まっており、様々なサービスを立ち上げ、多くの意思決定を行ってきています。DAOの実像を理解するには非常に良い事例だと思いますので、最初にその内容を見ていきたいと思います。

KEYWORD
- トークン
- Dai
- ステーブルコイン
- MKR
- オンチェーン
- オフチェーン

大規模な仮想通貨組織の管理が主目的

MakerDAOでは、2つのトークンが使われています。

ボラティリティのない経済的自由

自分でコントロールできる、価格の安定した暗号通貨です。Daiは自分の思い通りの条件で、今すぐ発行できます。

ホワイトペーパーを読む

$1 ⊟ ≈ \$1$

ガバナンス

Daiの原動力となるスマートコントラクトであるMakerプロトコルは、MKRトークンを保有する人々の分散型コミュニティが管理しています。

さらに詳しく

2種類のトークンの説明

https://makerdao.com/ja/

1つ目が仮想通貨として使われる **Dai**（ダイ）です。Daiはステーブルコイン[注1]であり、1Daiが1米ドルの価値と等しくなるように常に調整されています。

注1：特定の通貨（米ドルなど）と価値が等しくなるように調整されている仮想通貨のこと。

2つ目が、ガバナンストークンである**MKR**（メイカー）です。ガバナンストークンとは、MakerDAOのメンバーとなるための「会員資格」であるとともに、MakerDAOの組織的な意思決定の際に行使する「議決権」となるものです。

MakerDAOは、それまで価値変化が激しかった仮想通貨の世界において、Daiというステーブルコインを新しい構想のもとで、実際に継続運営できるものとして実現しました。

それまでに発行されてきたステーブルコインは、現金や現金と等価なもので100%裏付けられていました。すなわち、1万ドル分のステーブルコインを発行しているときには、1万ドル分の現金を発行元が保有しているという状態です。

これに対して、Daiは**仮想通貨で裏付け**を行っています。価値が変動する仮想通貨で裏付けを行うことになるため、発行額以上（100%以上）の準備金を持つ必要があります。

仮想通貨で裏付けを行うという仕組みを実現できたことにより、仮想通貨で投資を集めながらDaiの供給規模を大きくすることができたのです。

ビットコインやイーサリアムといった主要な仮想通貨ですら、以前も今も、価値が乱高下しています。保持しているのがこのように価値が変化する仮想通貨だけでは安心して投資することができませんし、複数の仮想通貨に分散投資したとしても、仮想通貨全体の下落局面では価値を維持することができません。MakerDAOがDaiのような実用的で大規模なステーブルコインを登場させたことは、DeFiと呼ばれる仮想通貨の高度な取引方法を発展させる原動力となった点で、歴史上非常に重要だと言えます。

ガバナンス方法は、大きく2種類

Daiは、特定の大企業が管理しているわけではなく、分散型で運営されているDAOによって管理されています。そしてこのDAOの根幹にあったのが、MKRというガバナンストークンを活用したガバナンスでした。

では、MakerDAOのガバナンスとはどのようなものなのでしょうか。大きく分けると、**オンチェーン**と**オフチェーン**の仕組みがあります。

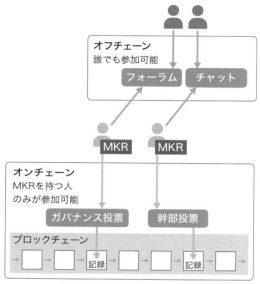

ガバナンスには2種類の仕組みがある。

オンチェーンとは、ブロックチェーンの技術を使っていることを意味しています。DAOでは自動プログラムを通して議決等の意思決定を行うのですが、この仕組みにはMakerDAOのメンバー、つまりガバナンストークンであるMKRを保有している人だけが参加できます。そして、**意思決定の過程や結果は全てブロックチェーンの鎖の中に記録され、後から改ざんすることができない**というのが大きな特徴です。一方で、オフチェーンの仕組みとして、MKRを保有していなくてもフォーラムでのディスカッション等に参加できる仕組みもあります。

オフチェーンのディスカッションには誰でも参加できますが、そこでの意見を踏まえて最終的に意思決定を行う投票では、オンチェーンの議決を行います。この議決には、MKRを持つ人しか参加できないのです。

05 「オンチェーン」のガバナンス

では、オンチェーンの仕組みを詳細に見ていきます。
　MakerDAOでは、オンチェーンで意思決定を行う方法としてガバナンス投票（Governance Polls）と、幹部投票（Executive Votes）という仕組みがあります。

KEYWORD

- オンチェーン
- ガバナンス投票
- 幹部投票

全員が参加できる「ガバナンス投票」

　ガバナンス投票（Governance Polls）とは、MKRトークンを持つメンバー全員による投票を行う機能です。

　MakerDAOの投票ポータルという場所に、様々な提案が掲載されています。これらの提案の採否についてはメンバー全体で投票を行い、組織としての意思決定を行う仕組みになっています。

投票ポータルページ。提案がリストされている。

https://vote.makerdao.com/polling

　各提案の右下には細い横棒グラフが示されています。緑色が賛成、オレンジ色が反対を表しています。先ほどの図では、1つ目の提案が全て緑色（全員が賛成）、2つ目の提案が全てオレンジ色（全員が反対）となっています。

　このような両極端な例ではあまり面白くないので、賛否が分かれた提案について見てみましょう。

緑色の棒グラフが賛成（57.42%）、オレンジ色の棒グラフが反対（42.58%）
https://vote.makerdao.com/polling/QmWPYU9c#vote-breakdown

　この例では、賛成と反対が入り混じっています。57%の賛成票と43%の反対票で、結果としては提案が承認されました。

　そして、その投票の内訳も全て確認することができます。誰が何票（MKRトークンの量）を、どちらに投じたのかが公開されているのです。

Voting By Address

ADDRESS	OPTION	VOTING POWER	MKR AMOUNT
Flip Flop Flap Delegate LLC	No	40.6%	32,893 MKR
schuppi	Yes	25.0%	20,245 MKR
Feedblack Loops LLC	Yes	12.5%	10,102 MKR
monetsupply	Yes	6.2%	5,044 MKR
MakerMan	Yes	6.2%	5,031 MKR
gauntlet	Yes	3.7%	3,000 MKR
ACREinvest	Yes	3.7%	3,000 MKR
0xc54c3...ee7a Proxy Contract ⓘ	No	2.0%	1,608 MKR
JustinCase	Yes	0.1%	59.45 MKR
GFX Labs	Yes	0.0%	30.24 MKR

投票者ごとに賛成・反対、投票量、保有しているMKRトークンの量がリストされている。

https://vote.makerdao.com/polling/QmWPYU9c#vote-breakdown

　このように、多くのMKRトークンを持っているほど、議決権を多く行使することができます。投票状況を視覚的に表したグラフも用意されています。

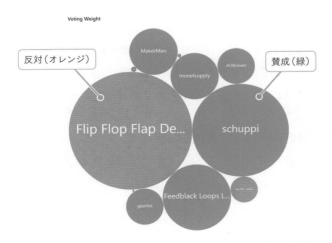

緑色の円が賛成、オレンジ色の円が反対。円の面積が議決権の大きさを表し、円内のテキストが投票者名を表している。

https://vote.makerdao.com/polling/QmWPYU9c#vote-breakdown

このグラフを見れば、一発で状況を把握することができます。

反対票（オレンジ）に投じた人は2名しかおらず、人数としては少ないですが、そのうちの1名（Flip Flop Flap Delegate LLC）が全体の40.6％にも及ぶ議決権を持っています。ですが、その他の多数の人が賛成に回ったことで、なんとか賛成という議決結果を得られたという状況のようです。

なお、これだけ接戦となった提案の内容自体に目を向けると、「PSM-GUSDの債務上限拡大」（Increase the PSM-GUSD Debt Ceiling）というタイトルになっています。

非常に専門的な内容になりますが、GUSDはGemini Dollarというステーブルコインのことであり、PSM（Peg Stability Module）はペグ安定性モデル[注2]のことです。要するに、Gemini Dollarを使った投資枠を、1,000万Daiから6,000万Daiにまで拡大するという提案です。

最終的な変更を承認する「幹部投票」

先ほど見たガバナンス投票は、MakerDAOメンバーの意見を集約し、DAO全体としての意思決定を行う仕組みでした。

一方で、**幹部投票**（Executive Votes）は、**実際に変更を適用するための仕組み**です。MakerDAOの全体ルール（Maker Protocol）に対して、ソフトウェアとしての変更内容を提案し、幹部による承認を求めるのです。

先ほどの例（PSM-GUSDの債務上限拡大）についても、ガバナンス投票での賛成を得た後で、次のような幹部投票が作成されました。

注2：仮想通貨（Dai）を他のステーブルコインと連動（ペグ）させるためのMaker DAOの機能のこと。PSM-GUSDであれば、DaiとGUSDを固定レートで直接交換取引（スワップ取引）することが可能になる。

幹部投票の例

https://vote.makerdao.com/executive/template-executive-vote-gusd-psm-maximum-debt-ceiling-increase-makerman-retroactive-delegate-compensation-february-25-2022

　この提案には、実際に変更をシステムに反映させるためのプログラムの**ソースコード**[注3]**も含まれています。**つまり、提案をした時点でその具体的な対応方法が決まっているのです。

　MakerDAOのルール（Maker Protocol）は、ブロックチェーン技術をベースとしたプログラムで実装されています。このプログラムのことを**スマートコントラクト**（P.176）と呼びます。

　スマートコントラクトではSolidityというプログラム言語が使われており、この提案に添付されているソースコードも、Solidityで書かれています。

注3：プログラムの内容を書いたテキストファイルのこと。

COLUMN 提案内容はソースコードと紐づいている

　ここから少し専門的になってしまいますが、プログラムのソースコードがどのように記録されていて、どのように幹部投票結果を受けて反映されるのかをイメージいただくため、ソースコードの実物を交えてご説明します。

　先ほどの幹部投票の画面からソースコードを確認することができるのですが、その方法が少し分かりにくくなっています。

　先ほどの画面（PSM-GUSDの債務上限拡大）の左上に、この提案の識別情報（Spell Address）が記載されています。この箇所をクリックすると詳細が表示されます。

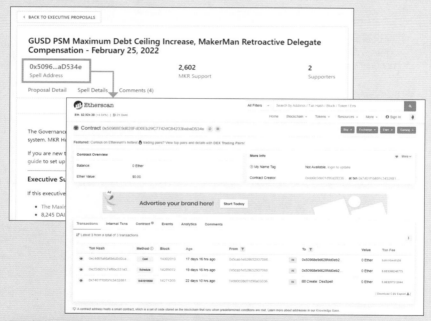

囲み部分をクリックすると、該当する提案の詳細が表示されます。
https://etherscan.io/address/0x50968E9d628FdD0Eb29C7742dC84233babaD534e

　実は、このリンク先はMakerDAOのページではなく、イーサスキャン（Etherscan）というサービスのウェブページになっています。

　イーサスキャンは、イーサリアム（P.173）で取引されている情報、つまりオンチェーンの情報の全てを検索できるウェブサイトです。

ここでは、トランザクション、ブロック、ウォレットアドレス、スマートコントラクト、その他のオンチェーンで記録されたデータを検索することができます。

今回の提案（PSM-GUSDの債務上限拡大）への変更プログラム自体も、スマートコントラクトで実行されたイーサリアムのブロックチェーンに記録されているのです。

ソースコードの内容を確認するには、上部の「contract」というタブをクリックします。

添付されたソースコードが表示される画面
https://etherscan.io/address/0x50968E9d628FdD0Eb29C7742dC84233babaD534e
#code

今回の場合は、515行のソースコードが記録されていました。
最後の部分を読むと、債務上限を変更したことが分かります。

```
uint256 constant MILLION = 10**6;

    （中略）

function actions() public override {
    // Increase PSM-GUSD-A max debt ceiling from 10M to 60M
    // https://vote.makerdao.com/polling/QmWPYU9c
    DssExecLib.setIlkAutoLineDebtCeiling("PSM-GUSD-A", 60 *
MILLION);
```

提案「PSM-GUSDの債務上限拡大」に付随しているソースコード

　MILLIONという変数を10の6乗と定義した上で、60 × MILLION、つまり6,000万Daiを債務上限に設定するプログラムとなっています。

　スラッシュ2つ(//)から始まる部分はコメント行ですが、設定内容の説明と、関連する提案へのリンクも記載されています。

　オンチェーンという言葉をなかなかイメージできない方が多いと思うのですが、このように実例を見ると、**プログラムの変更内容も含めてブロックチェーン（イーサリアム）に記録されている**という状況をご理解いただけたのではないかと思います。

06 「オフチェーン」のガバナンス

オフチェーンの仕組みとしては、フォーラム（掲示板）、チャット等があり、MakerDAOのメンバー以外でも参加できます。
こちらは、従来のインターネット上のフォーラムやチャットと同様なので、イメージしやすいと思います。

KEYWORD

- オフチェーン
- フォーラム
- チャット

緩やかに意見交換する「フォーラム」

「**フォーラム**」はいわゆるインターネット上の掲示板と同じ仕組みです。メンバーだけでなく、MKRトークンを持っていない人を含めて、メールアドレスやGoogleアカウント等でログインするだけで、誰でも議論に入ることができます。ログインして実際に内容を見てみると、様々なトピックについて非常に活発に議論されているのが確認できます。

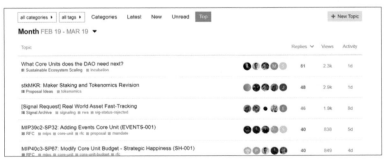

フォーラムでは様々なトピックで議論が行われている。
https://forum.makerdao.com/top?order=posts&period=monthly

返信数が多い順に並べてみると、このとき先頭に来たトピックは、「MakerDAOにとって、今後どのようなコアユニットが必要か？」（What Core Units does the DAO need next?）というものでした。

　この最初の投稿を行った提案者は、別サイト注4 になりますが24個の具体的な提案をまとめた上で、多くの人からのフィードバックを得ようとしています。

　これに対して、50を超える返信が寄せられています。

提案内容に対して寄せられた返信コメント

https://forum.makerdao.com/t/what-core-units-does-the-dao-need-next/13594

　建設的な内容が多く、真剣かつ丁寧に議論が行われています。

　一般的なインターネット上のフォーラムでは攻撃的なメッセージや意味のないコメントも見られることが多いですが、MakerDAOのフォーラムでは個々の論点に集中して議論が続いています。このフォーラム自体は誰でも書き込めますが、このフォーラムで提案内容を確認してコメントを返す人は、MakerDAOの利害関係者（MKRを持っている人）が中心であるためでしょう。

注4：https://makerdao-ses.notion.site/Core-Unit-Ideas-Comprehensive-List-2ce21712724f44d58b7e6f77888b0085

もっと気軽にやり取りする「チャット」

フォーラムだけでなく、もっと気軽にコミュニケーションできる場とし
て、**Discord**（ディスコード）も用意されています。Discordとは、世界中で広く使われてい
るチャットツールで、特にゲームプレイヤー、ITエンジニア、仮想通貨関
係者等がよく使っています。

MakerDAOのDiscord画面。気軽にチャットができる。

ざっと読んだだけでも、次のような様々な通知や会議案内が飛び交って
います。

- 「ガバナンスコミュニケーションチームの週次ミーティング」のzoom会
  議の案内
- 「ガバナンスとリスクに関するミーティング」のzoom会議の案内
- 週次更新連絡の様子を録画した動画の記録
- 投票ポータルの操作性改善についてのリリース通知
- MakerDAOのバグ発見報奨金の案内

こんなかたちで、様々な情報が飛び交っています。
ちなみに、最後の「バグ発見報奨金」（Bug Bounties）は、面白いルール
です。

MakerDAOの根幹の仕組みとなるプログラム(スマートコントラクト)の中で、**まだ発見されていないバグを見つけた人に報奨金を支払う**という、2022年2月に開始されたばかりの新しい制度です。

報奨金は、発見したバグの重大性によって変わります。

バグの重大性と報奨金額

バグの重大性	報奨金額
最高レベル(Critical)	上限1,000万ドル
高レベル(High)	上限10万ドル
中レベル(Medium)	上限5万ドル
低レベル(Low)	上限1,000ドル

https://immunefi.com/bounty/makerdao/ から筆者訳

MakerDAOの仕組みの中でも、その根幹となるスマートコントラクトやブロックチェーン自体にバグがあると、これまでに預け入れられた大量の仮想通貨を流出させてしまうという大事件につながりかねません。実際に、この後のチャプターでも解説しますが、「The DAO」というDAOにおいて、5,000万ドル相当もの仮想通貨が盗まれるというハッキング被害が起きました(P.52)。

報奨金で最大1,000万ドルというのは途方もない大金のように思いますが、費用対効果で考えると決して多すぎる金額ではないということです。

フォーラムにしても、チャットにしても、トークンの保持にかかわらず誰でも参加できるオープンな場です。ここでは、現在のサービスへの不満、苦情、今後の改善提案などが自由に討議されています。そして、こういったオフチェーンの場で改善提案をまとめた後は、MakerDAOとしての正式な意思決定として、オンチェーンの仕組み(ガバナンス投票、幹部投票)が使われます。

ここではMakerDAOの例として取り上げましたが、プロトコルDAOをはじめとして多くのDAOで、このようにオンチェーンとオフチェーンの仕組みを組み合わせて、自由な討議と正式な意思決定を行っているのです。

07 MakerDAOの歴史

　最初にDAOとしての最大の特徴であるガバナンス部分について、MakerDAOの例を通じて解説しました。今度は改めて、MakerDAOが何を目的として、どのように誕生したのか、その歴史を見ていきましょう。

KEYWORD

- ビットコイン
- ホワイトペーパー
- Maker財団

2015年にプロジェクトを開始

　MakerDAOの創設者は、デンマークの起業家**ルーン・クリステンセン**（Rune Christensen）氏です。

　彼はもともと中国で、英語を教えるビジネスを経営していましたが、ビットコインと出合ったことで方針を大きく転換し、今までの事業を売却して仮想通貨の世界でのビジネスを始めました。2014年にマウントゴックス事件というビットコインが大量流出する有名な事件が起こるのですが、このときにクリステンセン氏はステーブルコインのアイデアに興味を持ったようです。

　そして、2015年にMakerDAOのプロジェクトを開始します。このプロジェクトでは、世界中の開発者を集め、コード（プログラム）、アーキテクチャ、ドキュメント等を一緒に整備していきました。

　そして、2017年12月、最初のMakerDAO公式ホワイトペーパー[注5]が発行され、Daiによるステーブルコインシステムが発表されました。

注5：組織における長所をアピールするためにまとめたもの。

当時発表された MakerDAO のホワイトペーパー

https://makerdao.com/ja/whitepaper/sai/#overview-of-the-dai-stablecoin-system

そして、ホワイトペーパーの発表後まもなく、ステーブルコインのDaiが
リリースされ実際に取引ができるようになりました。

2018年に財団を設立

2018年に、MakerDAOの運営を支えるためのMaker財団(Maker Foundation)
を創設します。

それまでは、創設者のクリステンセン氏を含めて、世界中から集まった「少
数の熱心な開発者」が、MakerDAOの運営を行っていました。

しかし、ステーブルコインのDaiをリリースしたことにより、外部の多様
な投資家からの要請事項や、世界各国の金融規制等に対応することが必要
になったのです。このような要請に対応するためには複数のプロジェクト
を同時並行で進める必要があり、マンパワーと組織能力が不可欠です。こ
れが、Maker財団を立ち上げた理由です。

Maker財団は、時限付きの組織として立ち上げられました。それは
MakerDAOのガバナンストークン(MKR)の保有者が、プロジェクトの管理、

チームの管理、必要なアップデート、世界中での利用促進といったあらゆることに対応できる準備が整うまでです。これらのプロジェクトを管理することが目的であり、それが達成されれば財団は不要となります。

MakerDAO自体は文字通りのDAO（自律分散型組織）であり、DAOのメンバー（ガバナンストークンのMKRを保有する人）はいますが、**DAO自体を運営する企業や社員というものは存在しません。**
一方で、Maker財団には雇用契約に基づく社員が存在し、様々な役割を果たしています。ただしこの財団は、あくまで**MakerDAOの発展を促す**団体という位置づけです。

Maker財団の活動の代表的な例としては、MakerDAOのサービスをサポートするアプリの作成と提供が挙げられます。

Maker財団が作成したアプリ

https://makerdao.com/en/ecosystem/

　画面上部にある2つのアプリは、いずれもMaker財団が提供しているものです。左側にある"Governance"というアプリは、オンチェーンのガバナンスの中で紹介した投票ポータル等の仕組みのことです。つまり、この仕組みはMaker財団が開発したものだったのです。ちなみに、右側の"Migrate"というのは、Daiを新バージョン（複数担保型）に統合するアプリです。

　Maker財団は、その他にも規制当局への対応、保有資産の管理、情報提供等、事務的な手続きを含めて様々な活動をしていました。

▎財団を解散して、真のDAOへ

　先ほど説明したように、Maker財団はもともと目的を達したときに解散することが予定されていました。そして、実際に2021年7月に解散することを表明し、その後解散しました。今後は、DAOコミュニティが主導するという、**完全な分散型**になることを目指しています。

　MakerDAOは、ステーブルコインのDaiを運営するために作られた組織であり、現時点においても最も成功しているDAOの1つです。
　また、Dai自体も安定的な価値を持った仮想通貨として大きな役割を担い、DeFi（分散型金融）を発展させる原動力にもなったことも、注目すべき点です。

Chapter **2**

The DAO

08 The DAOの概要

DAOの歴史を語る上で絶対に欠かせないのが、「The DAO」(ザ・ダオ)です。ジェネシスDAO (最初のDAO)として知られています。

KEYWORD
- イーサリアム
- Slock.it
- スマートコントラクト

The DAOの誕生と事件

The DAOは、イーサリアム (P.173) が誕生してから間もない時期に、当時珍しい分散型の投資ファンドという形態で、1億5,000万米ドル(約165億円)相当もの資金を調達したことから、世の中に広く知られることになりました。

しかし、その後にThe DAO自体のプログラムのバグを突かれ、調達した資金の1/3が流出してしまうという大規模なハッキング被害に遭います。対応について協議した結果、影響範囲はThe DAOに留まらず、イーサリアムそのものが2つに分裂 (ハードフォーク注1) する結果となりました。

この大規模なハッキング事件も含めて、世界中の人々にDAOの良い面と悪い面の両方を印象づけたのが、このThe DAOでした。

では、The DAOが発足する前まで遡って、経緯を見てみましょう。

発想の原点

The DAOの前身となる技術を開発したのは、Slock.itという2015年9月に創業したスタートアップ企業の開発チームです。ドイツの企業ですが、メンバーはロンドンを中心に活動していたようです。

Slock.itは、家、車、自転車等のモノを多くの利用者でシェアして使うと

注1：1つのブロックチェーンが、2つの永遠に分岐したブロックチェーンに分かれること (P.53)。

いう「シェアリングエコノミー」を目指したサービスを展開していました。その要素として、ブロックチェーン技術を中核に置いていたのです。

　当時のSlock.itのデモンストレーションが、YouTubeに残されています。スマホのアプリから、保証金を入金することで、家などのドアの鍵を開けることができるようになるという内容です。
　見た目としては単純な動作ですが、この動作の裏には、ブロックチェーン（イーサリアム）の技術がうまく組み込まれています。

Slock.itが発表したデモンストレーション
https://www.youtube.com/watch?v=-Ht23KXic1k

　この技術のポイントは、「保証金を払うので鍵を開けてほしい」という利用者の依頼に対して、多数のマイナーにより承認され、目的を達成する（鍵を開ける）ことができるという点です。マイナーとは、仮想通貨を得るためにコンピュータを使った計算競争を行っている人のことです。こういった仕組みは今ではDAOの基本的なシステムに利用されていますが、当時は画期的な仕組みでした。
　特定の管理会社がいるわけではありません。イーサリアムのブロックチェーンという不特定かつ多数の参加者がいる仕組みを使って、取引を確実に実行できるということがこの技術のポイントなのです。

　ここで、この技術はDAOのような、組織に対しても適用可能です。投資をする、ルールを変えるといった組織の意思決定を、イーサリアムの**不特定多数の人が参加できる仕組み**を使って構築できるということです。

　Slock.itは、イーサリアムが仮想通貨としてだけでなく、もっと幅広い分野に応用できるということに気づいていたのです。

世界で最初のDAO

　Slock.itのメンバーは、このコンセプトを、本当にスマートコントラクト（P.176）を用いて自動的に動作するプログラムとして実装したのです。

　そして、分散型自立組織として、**DAO**という名称で、そのプログラムをオープンソースとして公開しました。今でも、当時のソースコードをGitHubというプラットフォーム上で見ることができます。

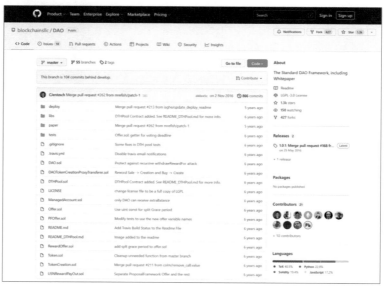

「DAO」のGitHubページ。当時のソースコードが確認できる。
https://github.com/blockchainsllc/DAO/tree/master

このプログラムを基に、DAO実証実験が始まりました。実際のイーサリアム上で、「The DAO」という名前でプロジェクトを展開したのです。

The DAOは2016年4月30日に開始されました。クラウドファンディング[注2]のような形態になっていて、開始から28日間が資金提供期間となっており、その期間中は誰でも1 ETH[注3]＝100 DAO（1 ETHに対して、100のDAOトークンを得られる）という交換比率で、The DAOのトークンを入手することができました。

このクラウドファンディングは予想以上の大成功となり、11,000人以上から1,270万ETHを集めることができました。これは、当時のETHの価値で換算しても**1億5,000万ドル**（約165億円）にあたります。

なぜ、このように多額の投資を引き寄せることができたのでしょうか。

もちろん、基本的には金銭的なインセンティブです。

The DAOは投資ファンドのような活動を主体としており、投資先を投票で決め、利益を投資者に分配するという仕組みでした。当時、ICO（Initial Coin Offering）という、新しい仮想通貨を新規公開して資金調達をする仕組みによって、大成功を収める事例が多く報告されるようになってきていました。当のイーサリアム自体も2014年にICOで1,800万ドル相当の（ビットコインによる）資金調達を実現していたこともあり、The DAOに対しても多くの期待が寄せられたのです。

The DAOの仕組み

The DAOの組織を運営するためのルールは、自動実行されるプログラム（スマートコントラクト）として実装されています。そして、そのプログラム自体（ソースコード）もイーサリアムのブロックチェーンにしっかりと刻まれており、信頼できるものになっています。

注2：インターネット等を通じて多数の人から資金を募る仕組み。
注3：イーサリアムの通貨単位。ETHと書いて、イーサと発音する。

　このソフトウェアを核として、分散型でリーダーレスな（リーダーを必要
としない）組織を作っているのです。ちなみにThe DAOの目標は、「**The
DAOとそのメンバーに利益を提供し、分散型エコシステム全体に利益をも
たらすこと**」とされています。

　The DAOは、いわば、**全てがプログラムで全自動化された会社組織のよ
うなもの**です。
　もちろん、このプログラムはあらかじめ準備されたものなので、想定され
ている範囲で定常的な自動対応は行えますが、様々な外部要因の変化に合
わせてプログラム自体を自動的に変えるということまではできません。こう
いったメンテナンスは、人間が継続的に行う必要があります。また、プログ
ラムの内容変更だけでなく、そのプログラムが動作するハードウェアの増
設等の作業も必要です。

　そこで、このように人間が必要になる活動については、報酬を設定した
上で「請負者」との契約を行い、対応しています。
　次のセクションでは、この請負者の活動も含めて、The DAOを作ってい
るガバナンス構造を見ていきましょう。

09 The DAOのガバナンス構造

The DAOには4種類の役割が設定されており、それぞれが自分の役割を果たすことでDAOが運営されています。このセクションでは、それぞれの役割と立ち位置を説明します。

KEYWORD
- 作成者
- 投資家
- 請負者
- キュレーター

The DAOのガバナンス構造

The DAOのガバナンスにおいては、以下の4種類の役割が定義されています。

- 作成者（Creator）
- 投資家（DAO token holder）
- 請負者（Contractor）
- キュレーター（Curator）　※直訳は「学芸員」。鑑定を行う人のこと。

▶ 作成者（Creator）

作成者は、文字どおりDAOを構築する人です。DAOの機能を誰でも自由に使用できるようなプログラムへと落とし込むため、ソースコードを作成します。

▶ 投資家（DAO token holder）

投資家は、自身が保有する仮想通貨（ETH）をDAOトークンと交換します。The DAOを株式会社に例えるならば、このDAOトークンは株そのものです。株と同様に、投資家には議決権も付与されます。

▶ 請負者（Contractor）

請負者は、契約に基づいて様々な実作業を行う人です。

基本的に、自ら契約内容を提案し、その提案が承認されれば実作業を行い、報酬を得られます。提案する内容は、投資先の選定、製品やサービスの開発など、多種多様です。

提案内容の実体はプログラムのソースコードで、わかりやすい説明も同時に添付します。このソースコードには、契約期間から成果物、マイルストーン、支払い条件（存在する場合）など、契約条件の全てを記載するかたちとなっています。作業が完了した時に、誰に対していくら払うということも、ソースコードの中に書かれているということになります。

▶ キュレーター（Curator）

キュレーターは、請負者の提案内容を精査する人です。この役職があることで、たとえ、請負者が不正にイーサを持ち出すような提案をしても、キュレーターがその提案を防げるようになっています。

キュレーターが提案内容を確認できれば、その提案がホワイトリスト[注4]に登録され、DAOの議決に入ります。ここで可決されると、DAOと請負者の契約が成立するのです。

The DAOの開発者はこれらの役割によって、「**自動化されたシステムとクラウドソーシングされたプロセス**」を実現し、組織全体の意思決定を行うことを目指していました。この全く新しい仕組みで、株式会社等の既存の組織では実現できなかった新しいガバナンスを成立させようとしていたのです。

既存の組織では、組織の意思決定において集中的な権限を持つ人（CEO等）が存在するので人為的なミスも起こりえますし、その人が組織利益より自己利益を優先することも考えられます。もちろん、そのために監査役等がおり、経営陣の暴走を防ぐために監視を行っていますが、経営実務を担うメンバーが組織ぐるみで情報を隠蔽するようなことがあれば、監視することにも限界があります。

注4：警戒する必要のない対象のリストのこと。ここでは審査対象にしてよいと承認された提案のリストを指す。

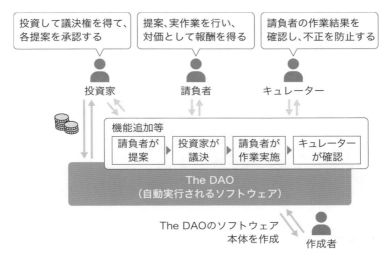

4つの役職と The DAO の関係

また、組織のトップだけでなく、例えば会計部門の担当者が悪意を持つようなことがあれば会社の資金を流用するといった事件も起こりえます。

The DAOでは議決権と結びついた意思決定という、明確で厳格なルールが適用されますし、その意思決定過程と結果がブロックチェーン技術で確実に記録されるため、不正を未然に防止できます。また、個々の報酬の支払いもスマートコントラクトを通じて確実に履行される仕組みがあるため、会計担当者が悪事を働くということは非常に困難です。

そして、The DAO には世界中のどこからでも投資家として匿名で参加（送金）することができ、その投資額に応じて議決権が与えられるというオープンな仕組みになっています。

The DAO に多額の資金が集まった一番の理由は、金銭的インセンティブでした。しかし、金銭面だけでなく、このような新しい組織、新しいガバナンス構造への期待が、The DAOへの投資熱に拍車をかけたのだと想像できます。

10　2016年のハッキング事件

> 多くの期待を集めて順調なスタートを切ったThe DAO
> ですが、その直後に重大なハッキング事件に巻き込まれ
> ることになります。
> 　事件の概要と、その後の社会変化について説明します。

KEYWORD

- バグ
- ハッキング
- ハードフォーク
- 規制

バグの発覚とハッキング

　2016年3月に開始されたこのThe DAOのプログラムには、実は重大なバグが潜んでいました。

　そして、**全資産の1/3にあたる360万ETH（イーサ）が奪われてしまう**という大事件を引き起こすことになるのです。当時のETH（イーサ）の価値で換算しても5,000万米ドル（約55億円）もの規模になります。

　もともとこのバグについては、クラウドファンディングを実施中の2016年5月時点で指摘されていたようです。

　その後、6月14日には、このバグに対する修正提案がなされており、The DAOのメンバーによる承認を待っている状況でした。

　しかし、その承認が下りる前の6月17日に事件が起きます。**全資産の1/3ものETH（イーサ）が、別のアドレスへ転送されてしまったのです。**発見されていたバグそのものではなかったのですが、類似するバグを突かれてしまったのでした。

　このバグの内容については、かなり専門的にはなってしまいますので詳細は省略しますが、コラム（P.59）で少しだけ深掘りしています。

ハッキング後の対応

さて、事件の続きです。

不幸中の幸いで、The DAOから別のDAOに資産を転送しても、28日間はこの資金を動かすことができないというルールになっていました。

これはThe DAOのソースコード自体に埋め込まれていた基本ルールであり、The DAOの開発者も、資金を不正に移動した攻撃者も、このルールを変えることはできません。

そのため、被害を広げないために、この28日間が過ぎるまでの間にどのような対応をとるべきか、関係者で侃々諤々の議論が巻き起こりました。

事件の当時もよく誤解されていたのですが、ハッキングを可能にしてしまった脆弱性（プログラム上の欠陥）は、あくまでThe DAOのプログラム自体に埋め込まれていたものであり、**イーサリアムやスマートコントラクトそのものの脆弱性ではありません。**

ただ、風評被害といった側面もあり、イーサリアム自体の信頼性にも疑念を持たれました。また、The DAOへの投資募集をETHで受け付けていたことからも分かるように、The DAOの投資家はもともとイーサリアムにも投資を行っており、すなわちThe DAOに被害が出ることはイーサリアムにも被害が出る状況でした。そのため、この問題はThe DAOのみの問題ではなく、**イーサリアム全体の問題であるとして議論が巻き起こったのです。**

不正移転された360万ETHをどのように扱うかという点については、イーサリアムのブロックチェーンでこの問題に対応するという前提で、「**ハードフォーク**」と「**ソフトフォーク**」という二つの案が検討されました。

フォークとは分裂を意味します。食器のフォークが語源です。フォークの先端がいくつかに分かれているところから来ています。

ハードフォークもソフトフォークも、**ブロックが矛盾なく連鎖するというブロックチェーンの根幹ルール自体を見直す**という大きな変更です。

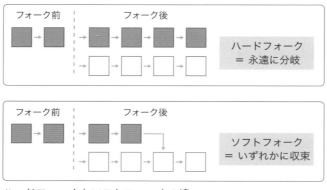

ハードフォークとソフトフォークの違い

　図の1つ1つの四角は、ブロックチェーンにおけるブロックを表しています。ハッシュ関数の仕組みを使って、ブロックのつながりが矛盾なく構成されているというのがブロックチェーンの大前提でした（P.164）。フォークでは**このルール自体を変更する**のです。

　ハードフォークの場合は、新旧2つのブロックチェーンに互換性がありません。それぞれが別のブロックチェーンとして永遠に分岐します。
　一方で、ソフトフォークの場合は両者に互換性があります。バージョンアップにもよく使われる手法です。一時的には新旧両方のブロックチェーンが混在しますが、最終的にいずれかのルールに収束します。

　The DAOのハッキング事件では、**結果的にハードフォークが選択されました**。イーサリアムのコミュニティで、「ハードフォークを選択するか」という投票が行われ、9割近くの議決権が賛成に投じられたのです。

Vote: TheDAO Hard Fork

How to vote?

Make a 0-ETH transaction to the YES or NO address to vote respectively.

All the ETH under the from-address will be counted as corresponding ballots.

For the transactions to be done successfully, a minimum amount of transaction fee of 0.0006 ETH is required.

If your wallet (for instance, Mist) does not support 0-ETH transactions, a minimal amount (e.g. 0.0001 ETH) is recommended. The smart contract will send back any amount of ETH it receives automatically.

The status is an on-going real-time counting.

Vote YES: 0x3039d0a94d51c67a4f35e742b571874e53467804

Vote NO: 0x58dd96aa829353032a21c95733ce484b949b2849

YES

Ether: 3964516.72178130761881221

NO

Ether: 577899.78346336959992868

Last Block: 1894000

Vote Status

YES NO

ハードフォークを選択した投票の結果
https://web.archive.org/web/20181107050846/http://v1.carbonvote.com/

　ハードフォークをすることで、イーサリアムのブロックチェーン上の記録を遡り、**不正に移転された取引自体が存在しなかったこと**になりました。

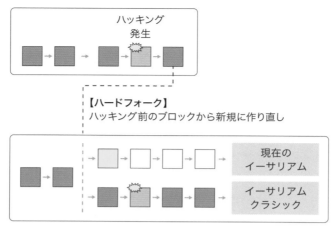

イーサリアムがハードフォークを選択した結果

　しかし、これは昔の徳政令（借金を強制的に帳消しさせた命令）のような
ものであり、今の時代で例えるなら、銀行預金の取引をなかったことにす
るようなものです。このような措置を1回でも実施してしまうと、金融シス
テムとしての基盤自体が信頼を失ってしまいます。

　ハードフォークの結果、新たに作られたDAOに移されてしまったETH（イーサ）を
犯人が持ち出すことは阻止できました。このときハードフォークによって
生まれた新しいブロックチェーンが、現在のイーサリアムです。

　一方で、ハードフォークに反対し続けた人は、以前からのブロックチェー
ンを継続しました。これが、現在ではイーサリアムクラシックという名前に
なっています。

　そして、The DAO自体も、この事件の後で消滅しました。

米国の規制も強化

　この事件から1年が過ぎた2017年7月25日に、SEC（米国証券取引委員会）が見解を出しました。

　The DAOのトークンは、米国証券法の「証券」に該当し、証券法の適用があり得るという内容でした。

SECURITIES AND EXCHANGE COMMISSION

SECURITIES EXCHANGE ACT OF 1934

Release No. 81207 / July 25, 2017

Report of Investigation Pursuant to Section 21(a) of the Securities Exchange Act of 1934:
The DAO

I.　Introduction and Summary

　　The United States Securities and Exchange Commission's ("Commission") Division of Enforcement ("Division") has investigated whether The DAO, an unincorporated organization; Slock.it UG ("Slock.it"), a German corporation; Slock.it's co-founders; and intermediaries may have violated the federal securities laws. The Commission has determined not to pursue an enforcement action in this matter based on the conduct and activities known to the Commission at this time.

　　As described more fully below, The DAO is one example of a Decentralized Autonomous Organization, which is a term used to describe a "virtual" organization embodied in

SECが出した見解

https://www.sec.gov/litigation/investreport/34-81207.pdf

　上図が、その見解を示した調査報告書の冒頭部分です。中には、以下の文章があります。

> ドイツ法人のSlock.it UG（以下、Slock.it）、Slock.itの共同設立者、および仲介者が連邦証券法に違反した可能性がある。

SECの調査報告書より筆者訳

　そして、報告書の中ではその根拠がいろいろと示されています。

　1つ目が、このトークンの販売は「**資金の出資**」に該当することです。この資金は現金である必要はなく、仮想通貨（ETH）を出資してDAOトークンを受け取る場合であっても、出資に該当するとしています。

　2つ目が、「**利益を得る合理的な期待**」があることです。前述のようにThe DAOは投資先を決めて利益を出資者で分配する仕組みであり、投資家は当

Part 2 投資DAO

57

然ながら利益を得ることを期待していたと推論されました。

3つ目が、「**共同事業として他者の経営努力からの利益発生**」があること
です。The DAOの創業者、請負者、キュレーター等がそれぞれの専門知識
を持ち寄って利益を生み出しているわけであり、投資家はそのような「他者」
の利益の分配を受けているということです。

SECがこのタイミングで報告書を出したのは、The DAOの関係者を証券
法違反で提訴する目的ではなく、今後の注意喚起が目的だったと言われて
います。これは、仮想通貨のICO（P.47）や、DAOといった新しい形態での
出資についても、従来の証券法の規制の枠組みで監督するという姿勢を示
したことになります。

The DAOが果たした役割

The DAOは、現存しません。

インターネットで検索しても、過去の事件のことが大々的に記事にされ
ているばかりであり、The DAOが果たした役割について解説している記事
は少ないように思います。

しかし、The DAOこそ、**ブロックチェーン技術を使ってDAOという組
織形態が作れることを実証した初めての事例であり、その後に様々なDAO
が生まれる元となった**のです。

COLUMN 実際のバグの内容

The DAOの様々な機能の1つに、splitという機能がありました。

これは、The DAOの運営方針に賛成できない場合に、自らがThe DAO(親DAO)に拠出していた資金を回収して新しいDAO(子DAO)を作り、そこに資金を移動するという機能です。

この機能は、splitDAOという関数(function)で実装されていました。

この関数が呼び出されると、親DAOから子DAOに資金を移動し、ユーザーの残高を更新します。

しかし、この実装方法に脆弱性(ぜいじゃくせい)があり、残高を更新する前に再度この関数を呼び出す(再帰呼び出し)という方法で、何度も資金移動をすることが可能になっていたのです。これにより、投資額を超える額のETH(イーサ)を子DAOに移動することができたのです。

以下は、この関数の一部分を抜粋したものです。

この643行目にある部分が脆弱性を含んでいます。ここに、「再帰呼び出し」かどうかのチェックがなかったことで、攻撃を許してしまうことになりました。

```
639    // Move ether and assign new Tokens
640    uint fundsToBeMoved =
641        (balances[msg.sender] * p.splitData[0].splitBalance) /
642        p.splitData[0].totalSupply;
643    if (p.splitData[0].newDAO.createTokenProxy.value(fundsToBeMoved)(msg.sender) == false)
644        throw;
```

643行目に脆弱性が存在した。

https://github.com/blockchainsllc/DAO/blob/v1.0/DAO.sol

```
// Move ether and assign new Tokens
uint fundsToBeMoved =
    (balances[msg.sender] * p.splitData[0].splitBalance) /
    p.splitData[0].totalSupply;
if (p.splitData[0].newDAO.createTokenProxy.
value(fundsToBeMoved)(msg.sender) == false)
    throw;
```

splitDAOのソースコードより

▶ 攻撃の詳細を知りたい方へ

　攻撃内容の解説はいくつかのウェブサイトに掲載されていますが、以下の
サイト（英語）にある解説がもっとも詳しく書かれているように思いますので
ご参照ください。

https://hackingdistributed.com/2016/06/18/analysis-of-the-dao-
exploit/

　ここでご理解いただきたいことは、**脆弱性を見つけ出すということは非常に
難易度が高い**ということです。普通の人を何百人集めたとしても到底発見で
きないような、重箱のスミのスミまで突くような作業です。

　ソフトウェアの障害というと、単純な表記ミス、数値の設定ミスといった
単純原因であるかのように誤解されがちです。確かにそのようなケースもある
のですが、非常に複雑で膨大な条件の場合分けがある中で、ほんの1つのパター
ンを見過ごしたために脆弱性が生まれるということもあるのです。

　先ほど説明した「再帰呼び出し」という手法も、そのような攻撃がありうる
ことが分かってしまえば理解できる人がいるかもしれませんが、膨大なソース
プログラムの中から何もヒントがない状態でこの脆弱性を発見するのは、かな
り難しいです。

　The DAO が構築された初期の段階では、このような脆弱性に対して全て対
応するという品質確保が、非常に難しかったのだと考えられます。

　もちろん、この失敗を含めて様々な失敗からエンジニアが学び、改善と工
夫を積み重ねたことで、現在ではDAOや仮想通貨は何十億円、何百億円といっ
た規模の資産を預けられるほど、信頼性を確保したソフトウェアの仕組みと
なっているのです（ただ、もちろんながら、未知の脆弱性がある可能性は否定
できません）。

The LAO

11 The LAOの概要

The DAOは結果的には失敗したものの、失敗した理由はThe DAOのプログラムに脆弱性があったのであり、投資DAOというコンセプト自体が否定されたわけではありませんでした。

しかし、前述のようにSEC（米国証券取引委員会）が注意喚起を行ったことも背景に、しばらくの間は営利目的でDAOを設立することを自粛する雰囲気があったようです。その中で、投資DAOを合法的に設立することを目指したのが、The LAOでした。

現在も活動を続けている投資DAOの中でも、古株にあたるThe LAOについて詳細を見てみましょう。

🔑 KEYWORD

・無限責任
・有限責任会社
・加入要件
・LAOユニット

法令遵守が大前提の組織構成

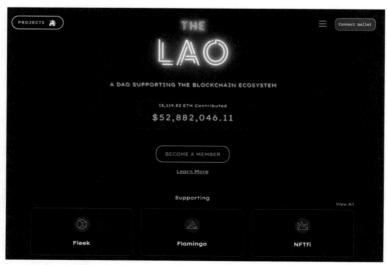

The LAO のウェブサイト

https://www.thelao.io/

　The LAO（LAO）が発足したのは、2020年4月のことです。そして、DAO
の精神に基づいた上で、**米国の法律を遵守した新しい組織**を作ることを目
指しました。

　The DAO と同様、LAO が発行するトークン（LAO ユニット）を購入すれば、
LAO のメンバーになれます。そして、LAO という組織として様々なプロジェ
クトに投資し、投資による収益をメンバーで共有することができます。
　しかし、The DAO と異なるのは、LAO は**米国の法人（デラウェア州の有限
責任会社）として組織されている**という点です。この点は、他の一般的な
DAO と比べても非常に特徴的です。

　一般的な DAO では、メンバーは DAO の経済活動に対して無限責任を負う
おそれがあります。つまり、DAO がハッキングされたり破産を宣言したり
した場合、各メンバーは全額の資金に対する責任を負う可能性があるわけ
です。例えば DAO に対して訴訟が発生して原告が勝訴した場合、原告は自
身の請求が満たされるまで、各 DAO メンバーの個人資産に対して請求を行
うことができます。このことを明示的に認識できている人は少ないように思
いますが、DAO に参加する上での大きな弱点となっています。これは、
DAO が株式会社（Corporation）や有限責任会社（Limited Liability Company）
として組織されていないためです。

　そこで、LAO ではこの弱点を克服するため、LAO 自体を**有限責任会社**と
して組織したのです。
　株式会社や有限責任会社は、各個人が無限責任にさらされることなく事
業を遂行する手段として利用されています。メンバーは、出資した金額に
対してリスクを負うだけであり、それ以上の損害賠償を求められることはあ
りません。
　なお、法律上は Limited Liability Company（有限責任会社）ですが、その
上で LAO 自身は Limited Liability Autonomous Organization という用語をプ
レスリリースでも使っています。これが、LAO の語源となっているようです。

LAOの加入要件

LAOの組織としての成り立ちやルールについては、以下のページにまとめられています。要点を紹介します。

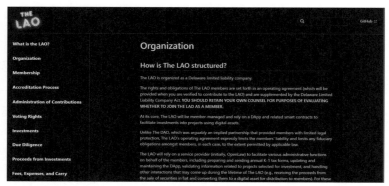

LAOのルール

https://docs.thelao.io/organization.html

LAOのメンバーの総数は、**最大で99メンバー**に制限されています。

この理由としては、米国証券法を遵守すること、いずれかの当事者が不均衡な量のLAOユニットを保有してLAOを支配するのを阻止すること等が挙げられています。

また、メンバーとなるための要件にも厳しい制約があります。

本人確認が必要であること、年収が20万ドルを超えていること（または夫婦で30万ドルを超えていること）、純資産が100万ドルを超えていること等です。高額な投資を共同で行う集団なので、このような条件を課すことも必要なのでしょう。

なお、個人だけでなく法人がメンバーになることもできますが、こちらもいろいろと厳しい条件が課せられています。

メンバーの権利と義務については、運営規約に規定されているようですが、この規約は非公開のようです（LAOへの貢献が確認された時点で提供されます）。

メンバーになれば、「LAOユニット」を購入することができます。ユニットは10万ユニット単位で販売されていて、これを購入することでLAOの議決権の1%と、購入による収益の1%の比例配分権が提供されます。各メンバーは最大90万ユニットまで購入することができます。

この10万ユニットを購入するには、310 ETH が必要です。ETH 自体、価値の変動が激しい仮想通貨ですが、1 ETH を20万円と計算すると、約6,200万円という金額です。

このようにメンバーの数を制限し、個々のメンバーに対する要件も厳格化することで、有限責任会社としての構成要件を満たすように工夫しているようです。

12 投資の具体的手順

では、投資DAOと呼ばれるThe LAOでは、どのようなものを投資対象として、どのように投資についての合意形成をしているのでしょうか。

その具体的な姿を見てみましょう。

KEYWORD

- 投資
- 提案
- 投票
- 怒りの終了

投資の提案

LAOの投資先について、メンバーは自由に提案することができます。

LAOが投資対象としている先のリスト

https://www.thelao.io/investments

これが、投資内容を示しているページです。とは言っても、上部に表示されている最新の案件はほとんどのものがprivateと表示されており、メンバーでないとその内容を見ることができないようです。

しかし、一部の過去の案件については、案件名称と内容が公開されているものがあります。

ざっと全体像を見ると、投資承認（FUNDED）されたものが大多数であり、そこには200個近くのプロジェクトが掲載されています。一方で、投資否決（FAILED）に分類されたものもありましたが、わずか6件だけでした。

公開されている Flamingo（フラミンゴDAO）への投資に関する案件の中身を見てみましょう。

このフラミンゴDAOは、コレクターDAOとして有名なものであり、本書でも後ほど解説します（P.77）。

このフラミンゴDAOへの投資を決めた際の投票内容が、ここに公開されています。

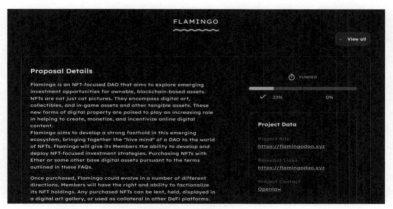

フラミンゴDAOへの投資を決めた際の投票
https://www.thelao.io/proposals/08eb7ac4-3ef0-46ec-956c-04293858ac26

提案内容

　フラミンゴDAOは、NFTに焦点を当てたDAOです。所有可能なブロックチェーンベースの資産に対して、新たな投資を行うことを目的としています。
　NFTは単なる猫の写真ではありません（筆者注：CryptoKittiesという子猫のキャラクターをNFTにしたものが大流行したことを指しています）。デジタルアート、グッズ、ゲーム内アセット、その他の有形資産が含まれます。これらの新しいデジタル資産は、オンラインデジタルコンテンツを作成し、収益化、インセンティブ化する上で、ますます大きな役割を果たすでしょう。
　フラミンゴは、この新たなエコシステムにおける強力な足がかりを築き、DAOの「ハイブマインド」（筆者注：ミツバチの群れのように、個人の思考ではなく集団で思考を行うこと）をNFTの世界に結びつけることを目指しています。

　一度購入すると、フラミンゴはさまざまな方向に進化する可能性があります。メンバーは、NFTの所有権をさらに細かく分割する権利と能力を持つことになります。また、NFTを貸与、保有、デジタルアートギャラリーでの展示、または他のDeFiプラットフォームの担保として使用することができます。方向性はメンバー次第です。

　フラミンゴの法的構造、運営、資金調達プロセスの詳細については、次をご覧ください。https://docs.flamingodao.xyz

https://www.thelao.io/proposals/08eb7ac4-3ef0-46ec-956c-04293858ac26 より筆者訳

　フラミンゴDAOは、提案内容に書かれているとおりNFTを収集することを主目的としたDAOです。少し複雑ですが、ここではDAOがDAOへ投資するという構図になっています。つまり、LAOというDAOが、フラミンゴDAOというDAOに投資しているのです。
　このようなケースも少なくありません。LAOへ出資する人は、基本的に仮想通貨の世界に精通して、かなり巨額の資産を既に持っている人です。そして、新たな投資機会を貪欲に探しています。当然ながら、他のDAO自

体へ投資するということも、投資として有力な手法になるのです。

　なお、LAOはこの他にも、NFTに関係する多数のプロジェクトに投資を行っています。以下はその例です。

▶ SuperRare

　2018年にローンチされた古参のNFTマーケットプレイス（NFT取引所）です。審査を通過したアーティストしか出品することができないため、品質が保たれています。

▶ Aavegotchi

　「たまごっち」にインスパイアされたという、様々な能力値を持つキャラクターを育成するNFT収集ゲームです。DeFiの各技術も取り入れて、ゲームに活用しています。

▌ 投資の意思決定方法

　投資を行うかどうかの意思決定は基本的にメンバーによる議決で行います。この辺りはここまでに紹介してきたMakerDAOやThe DAOと同じです。

　具体的には、LAOの投票システム（もちろん、スマートコントラクトを使った分散型アプリケーションとして作られています）によって投票が行われます。

　先ほど紹介したフラミンゴDAOへの投資は、全体の議決権の24％の賛成がある一方で、反対は0％であり、**賛成多数で承認されました**。LAOでは議決権を持っている人が毎回必ず投票に参加するわけではなく、投票された議決権の中から過半数を取った方に決まるというルールになっています。

メンバーになるには、ユニットを購入
（10万ユニット単位）

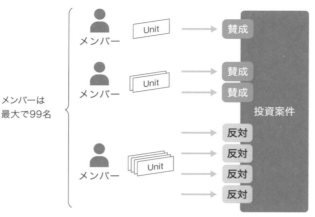

投票システムのイメージ

　一方で、LAOならではの面白い仕組みも付け加えられています。LAOの
メンバーは、LAOの業績や投資方法に不満がある場合、資本を撤回すると
いう強力な権利を持っているのです。この権利のことを、**「怒りの終了」**
（Rage Quitting）と呼んでいます。

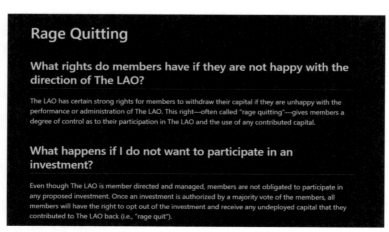

「怒りの終了」の解説ページ

https://docs.thelao.io/ragequitting.html

　議決の結果で投資することが決定したとしても、この時点で「怒りの終了」を行えば、**自分の出資分について返還を受けることができます。**

　正確には、出資分のうち、既に他のプロジェクトへ投資されている分は返還されませんが、まだ投資されていない未割当部分について返還を受けられます。そして、そのときこのメンバーが持っていたLAOユニットは焼却（burn）という扱いになり、そのメンバーは**今後の新しい投資に参加することもできなくなります。**

　ただし、既に投資済みのプロジェクトからの収益については、その後も受け取ることが可能になっているようです。

　このような「怒りの終了」のプロセスも、スマートコントラクトを使って構築されています。このことは、メンバーが出資を検討する際に、とても重要なポイントの1つです。その理由を解説します。

　まず、例として、人が運営する従来型の投資ファンドを考えてみましょう。

　投資ファンドは高い利回りを謳って多くの人を勧誘します。その結果、期待通りの成果が出ればよいですが、投資に失敗した場合、または投資ファンドの実体がなく詐欺であった場合、出資者は泣き寝入りするしかありません。出資分を返せと迫っても、運営側が返してくれなければどうしようもないからです。

　一方で、LAOの仕組みでは、個々の投資判断にメンバーが参加、確認することができます。ある時点で「これはまずい」と思えば、その時点で「怒りの終了」を行使すればよいのです。未割当の資産は「**必ず**」返却されます。

　そして、ここでいう「必ず」の意味合いが重要です。従来の組織であれば組織としての責任の追求や、法的担保という社会的な手段を取るしかありませんが、LAOではブロックチェーンやスマートコントラクトによって技術的に保証されているのです。「怒りの終了」を行使すれば、それがプログラムによって確実に処理されて、未割当の資産が必ず返却されるということです。

　そして、この仕組みがあることで、**LAOの組織全体をも守る**ことができます。

　悪意のある人が非合理的な投資方針を提案し、周囲のメンバーを騙したり買収したりしてその提案が決定されてしまったとしても、残りのメンバーは「怒りの終了」を行使すればその投資から抜けることができます。

　そのため、**悪意を持った行動へのインセンティブが働きにくくなり、組織全体を防衛することにつながっている**のです。

ガバナンスの仕組み

　ガバナンスの仕組みも、投資を決める仕組みと同様です。

　メンバーから様々な提案が行われ、投票によって採否を決定します。

　投資先については投票された票の中での賛成多数（賛成＞反対）で決定しますが、ガバナンスについては投資の場合と異なり、**賛成票が議決権全体の半数を超えること**が条件になっています。

ガバナンスの仕組みに関する投票のページ
https://www.thelao.io/governance-proposals/QmbguBpXbyvGEPXJEDBLGRgyTbaKhjZ
oi8pPmXokYgym9V

　図に示した案件（GIP002 - NEW MEMBERS - REDO）は、LAOにメンバーとして参加したいという希望が増えたことを背景に、LAOのユニット数の上限を増やし、新しいメンバーが参加できるようにするというものです。な

お、この投票については55％の賛成を得て、承認されていました。

提案内容の詳細については、リンク先（Google docs）に記載があります。

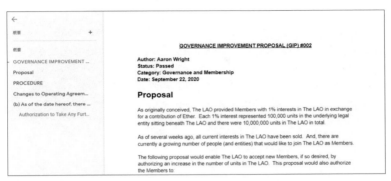

提案内容の詳細のページ

https://docs.google.com/document/d/1LHNGTPOd1pB8gpCa4Gm074Mvi_-
oeQTsyWCRJy5pKoY/edit#

　ちなみに、この案件については具体的な内容も公開されていましたが、その他のガバナンスに関する案件は全てが非公開（private）となっていました。
　メンバー以外に対しては、あまり積極的な情報公開を行わないという方針のようです。

13 The LAOの設立背景

The LAOを創設したのは、アーロン・ライト (Aaron Wright) 氏です。

彼は、先ほど投資対象として紹介したフラミンゴDAOの共同創設者でもありますし、もともとはOpenlaw[注5]というブロックチェーン技術を契約書に活用する企業の共同創設者でした。

🔑 KEYWORD

- The DAOの反省
- 問題の解決
- Openlaw

出発点となった反省

前チャプターで紹介した The DAO の失敗の歴史を振り返ってみましょう。大きな反省点が2つありました。

1つ目は、**技術的**な反省点です。The DAO のプログラム自体に脆弱性があり、大量の資金を流出させてしまいました。

2つ目は、**制度面**での反省点です。投資方法が証券法に該当するかどうかなど、様々な想定されるケースに対して法律面でどのように対応するのか、そのような事前準備ができておらず、後にSEC（米国証券取引委員会）から注意喚起の報告書が出るという結果になりました。

注5：Openlaw は、リブランディングにより2022年1月から TributeLabs となっています。

LAO での解決方法

LAO は、この両方の課題を克服しています。

1つ目の技術的課題に対しては、**モロク DAO (Moloch DAO) という既存の****プログラムを使って解決しました**。つまり、LAO のために新規にプログラムを書いたわけではなく、既に実績のあるプログラムを最大限に活用したのです。

そして、元のモロク DAO (v1) の機能をさらに強化して、モロク DAO (v2) を開発し、LAO の各機能を実現しています。例えば、投票の仕組みも、「怒りの終了」の仕組みも、このモロク DAO (v2) によって実現しています。

そして、2つ目の制度面での課題を克服したのが、**Openlaw という既存****のプログラムの仕組みでした。**

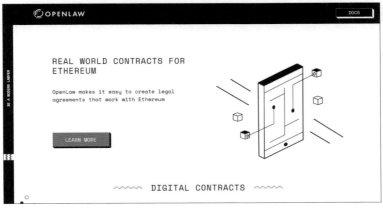

Openlaw のウェブサイト

https://www.openlaw.io/

Openlaw は、簡単に言うと、**ブロックチェーン技術を使って法的効力を****持つ契約書を自動生成して、自動的に当事者間の合意を得た契約を行うプ****ログラム**です。伝統的な契約社会の仕組みと、新しいブロックチェーン技術（スマートコントラクト）を結び付けているのです。

　具体的には、LAOの事業体の設立文書から会員登録契約まで、様々な契約についてDAO上で実現された機能でメンバーが意思決定を行うと、その行為に関連する法的文書が、OpenLawのプロトコルを介して**自動生成**されるのです。

　これらの工夫により、制度面で懸念されていた各種問題に対しても、現在の契約社会と同等の対応を行えるようになったのです。

▌投資DAOの復活の立役者

　このように、The DAOの失敗で一度は下火になった投資DAOですが、LAOの登場をきっかけに様々な投資DAOが創設されることになりました。そのような意味では、**投資DAOの復活の立役者と呼んでもよい**でしょう。

　また、投資DAOは金融資産だけでなく様々な対象に投資を行っていますが、投資先としてNFTを選ぶものも多く、それらのDAOは「**コレクターDAO**」と呼ばれることもあります。

　つまり、投資DAOとコレクターDAOは、投資の主対象が異なるだけで、同じような仕組みを持つDAOです。

　次のパートでは、そのコレクターDAOについて見ていきます。

Chapter **4**

フラミンゴ DAO

14 フラミンゴDAOの概要

フラミンゴDAOは、NFT等の収集に特化したDAOで
す。Chapter 3で紹介したように、投資DAOである
The LAOから出資を受けて2020年10月に設立されま
した。

フラミンゴDAOは、高額なNFTを相当数保有してい
ます。2022年2月時点で、保有資産総額が10億米ドル
(約1,150億円)に達したとのことです。

KEYWORD

- NFT
- CryptoPunks
- 最古のNFTアート

フラミンゴDAOが所有するNFT

フラミンゴDAOのウェブサイト

https://flamingodao.xyz/

フラミンゴDAOは、NFTの世界で非常に有名な作品、つまり高額で取引
される作品を数多く保有しています。そのコレクションをのぞいてみま
しょう。

　画面右上のハンバーガーメニュー（三本線のアイコン）から各ページへ移動することができます。コレクションのページでは、収集しているNFTの一覧が見られます。

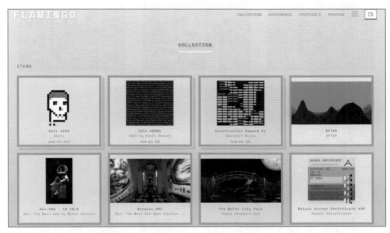

所有しているNFTの一覧（コレクションのページ）

https://flamingodao.xyz/collection

　同じアーティストの作品は、グループとして分類されています。例えば、CryptoPunks、BoredApesといったグループです。これらのアーティストは、NFTの世界でトップクラスに有名です。

フラミンゴDAOが保有するCryptoPunksのコレクション

https://flamingodao.xyz/collection

　CryptoPunksは、2017年7月に、マット・ホール氏とジョン・ワトキンソン氏という二人のエンジニアが実験的に公開したもので、「**最古のNFTアート**」と言われています。

　もともと2人は、自分たちでキャラクター作成ツールを作り、ユニークなポップアートを作成することに熱中していました。

　キャラクターは24×24ピクセルで8ビット（256色）のドット絵になっていて、様々な髪形、帽子、メガネなどを持つキャラクターを作成しました。

　全部で1万種類の作品が存在しますが、高額なものは数億円、数十億円といった信じられないような価格で取引されています。

　フラミンゴDAOは、このCryptoPunksを215種類も所有しています（2023年2月執筆時点）。

15 ルールはThe LAOとほぼ同じ

フラミンゴDAOの仕組みは、The LAOと非常に類似しています。

The LAOを創設したアーロン・ライト氏がフラミンゴDAOの共同創設者ですし、The LAOからフラミンゴDAOへ投資しているという背景も踏まえれば、DAOとしての基本的な仕組みはThe LAOからコピーした上で、投資対象をNFT等に特化したというのがフラミンゴDAOの本質であるように思います。

KEYWORD

• LAO
• フラミンゴユニット
• キュレーター

加入要件

フラミンゴDAOでは様々な要素がThe LAO（LAO）によく似ていますが、メンバーの要件、権利や義務についても、LAOとほぼ同一になっています。

フラミンゴDAOも、LAOと同様にメンバーの数を限定しており、誰でも参加できるわけではありません。100名がメンバー数の上限です。

メンバーは、「フラミンゴユニット」を購入することができます。これは10万ユニット単位で販売されており、これを購入することでフラミンゴの議決権の1％と、NFTの取引による収益の1％の比例配分権を提供します。各メンバーは最大90万ブロックまで購入することができます。

この他にも、メンバーとなるには本人確認が必要であること、年収が20万米ドルを超えていること（または夫婦で30万米ドルを超えていること）、純資産が100万米ドルを超えていること等、厳しい参加条件があります。

これらの条件も、LAOとそっくりです。

投資への意思決定方法

　フラミンゴDAOでの意思決定については、LAOで採用されているのと同じスマートコントラクトを使ったオンチェーンの仕組み（モロクDAO v2）で実現しています。

　投資のプロセスを見ていきましょう。

　まず、メンバーは保有する資産の一定割合（例えば20%）を、フラミンゴDAOの「サイドポケット」という投資用の資金プールに定期的に割り当てます。このことによって、メンバーはNFTを購入することを提案できるようになります。

　購入についての賛成、反対意見は、オンチェーンでの投票によって決まります。4日間の投票期間があり、賛成多数であればNFTの購入が決まります。

　また、NFTの購入について相談できる専門家（キュレーター）集団もいます。

　フラミンゴDAO自体の方向性に不満がある場合には、メンバーは「怒りの終了」(Rage Quitting) を行うことができます。このことにより、出資していた資本を撤回することができるようになっています。この点も、LAOと全く同じです。

　このように、**LAOで成功した投資DAOの仕組みが、さらにコレクターDAOとして様々な発展をとげている**のです。

Chapter **5**

プレジャー DAO

16 プレジャーDAOの概要

プレジャー (Pleasr) DAOは、NFTに大規模な投資を行うDAOの中でも、多くの人に知られている有名なDAOです。

Pleasureの誤記ではなく、少し短縮したPleasrが正式名称です。

🔑 **KEYWORD**

- NFT
- Pplpleasr

著名人が多く参加するDAO

プレジャーDAOのウェブサイト

https://pleasr.org/

フラミンゴDAOと同じコレクターDAOであるプレジャーDAOのウェブサイトのトップページには、これまでに取得したNFTや実物資産の写真が次々と表示されています。

上の図に表示されている「Once Upon a Time in Shaolin」は、プレジャーDAOを有名にした**「世界に1つしかない」**音楽アルバムです。後ほど詳しく解説します。

　プレジャーDAOを構成するメンバーは、下のようにウェブサイトで公開されています。主としてNFTアートを作成するアーティストと、仮想通貨業界のベンチャーキャピタリストが多いようです。Defi^{ディーファイ}サービスの創業者などもおり、DAOやNFT関連で活躍する有名人が集まっています。

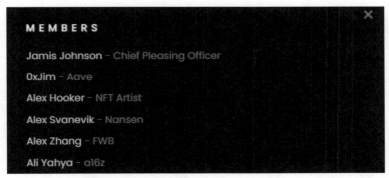

プレジャーDAOのメンバー（抜粋）

https://pleasr.org/

　メンバーリストには、代表（Chief Pleasing Officer）のジャミス・ジョンソン氏を筆頭に、仮想通貨に関連する投資家、金融サービス・リサーチ企業等、幅広い肩書きのメンバーが並んでいます。

　プレジャーDAOも、メンバーの数をかなり制限しており、誰でも参加できるわけではありません。一般的に、DAOはガバナンストークンを購入すれば誰でも参加できるというイメージがありますが、特に投資DAOやコレクターDAOでは、このようにメンバーを限定しているDAOも多く存在しているのです。

　特に、様々な資産に投資を行うDAOの場合、広く投資家を募るとSEC（米国証券取引委員会）の各種規制に該当しかねないため、メンバーを限定しているという事情もあるようです。

プレジャーDAO の発足経緯

　プレジャーDAO が発足したきっかけは、あるNFTアーティストにあります。まずは、そのアーティストについて見ていきましょう。

　NFTアーティストとして世界的に有名な人を、米Fortune 誌が "NFTy 50" として、この業界のトップ50をリストしています。

NFTy 50のリスト

https://fortune.com/nfty-50/

　"NFTy 50" の No.5 で紹介されている Pplpleasr（本名：エミリー・ヤン）に注目してください。彼女は、様々なNFTを作り出している有名アーティストです。

Pplpleasr の紹介ページ

https://fortune.com/nfty-50/2021/pplpleasr/

　Pplpleasrは、もともとAppleでデジタルアーティストとして働く予定だったそうです。しかし、コロナウイルスのパンデミックのために、働く予定が取り消されてしまいました。

　そして、その後に、あるDeFiサービスのプロモーションとして短いアニメーションを制作します。これがきっかけとなり、クールなコンテンツを作るNFTアーティストということで、口コミを通じて名前が広がり、活動範囲を広げていきました。

Pplpleasrが作成したNFT動画より
https://fortune.com/2021/08/06/nft-art-pplpleasr-fortune-cover-ethereum-defihow-
crypto-changed-my-life/ より

　上のアートは、あるNFTバーチャルサミットのためにPplpleasrが作成した記念NFTです。

　ウェブサイトで見ると分かりやすいですが、ただの画像ではなく、数秒程度の短い動画です。ロボットの繊細な動き、その動きに合わせた光の反射、中央でゆっくり歩きながらも存在感を放つ女性など、細部に至るまで世界が作りこまれており、それでいて他では見たことがない斬新な印象を与える作品だと思いました。

　彼女の作品は、それぞれテイストが異なるものの、初めて見た人に印象が残り、そのような点が NFT としての特性に合致したのでしょう。

　ついには、彼女の作品が米 Fortune 誌の表紙にも掲載される等、世界中に名前が知られるアーティストとなったのです。

プレジャー DAO の発足

　実は、プレジャー DAO 自体、もともとは Pplpleasr の NFT を購入するために組織されたのです。

　その対象となったのが、「x*y=k」というタイトルの作品です。

Pplpleasrが作成したNFT動画「x*y=k」より

https://foundation.app/@pplpleasr/foundation/13623

この作品は、UniswapというDeFiサービスのプロモーション動画として作成され、Twitter等で拡散され、非常に人気を博しました。このNFTは2021年3月にオークションにかけられました。

そして、この作品を購入するために、レイトン・キューザック氏という、暗号資産を使ったサービスPoolTogetherの創設者が、Twitterで「この入札に参加するために、簡単なDAOを作ろうよ」と、多くの人へ呼びかけたのです。

> **Leighton**
> @lay2000lbs   ・・・
>
> ## Anyone want to create a quick DAO to bid on this???
>
> > 🟣 **pplpleasr** ✓ @pplpleasr1・2021年3月25日
> >
> > My genesis piece on @withFND, the @Uniswap animation will drop Friday 9am (Asia time)
> >
> > This Friday, March 26 is the #StandWithAsians movement - Uniswap and I will be donating all proceeds to charities supporting AAPI and other minority representation.
> >
> > foundation.app/pplpleasr
> > このスレッドを表示

プレジャーDAOが設立されるきっかけになったツイート
https://twitter.com/lay2000lbs/status/1375195529504829443

そして、この「簡単なDAO」は、最終的に310 ETH（当時の価格で52.5万米ドル）でこの作品を落札することに成功します。これが、プレジャーDAOの始まりとなりました。

なお、この取引でPplpleasrが得た収益は、慈善団体に寄付されました。

プレジャーDAOは、その後も次々と有名なNFTを購入していきます。単に取引価格が高いものを狙っているというよりは、文化的に価値があるものや、NFTの歴史として意義のあるものを中心に集めているという印象です。

エドワード・スノーデン[注1]が自身で販売したNFT「Foundation」も、その一例です。この作品は、NSAの監視行為が違法であるとした判決文章を下絵として、スノーデンの顔写真を表現したものとなっています。

エドワード・スノーデンが販売したNFT「Foundation」
https://foundation.app/@Snowden/foundation/24437

注1：アメリカ国家安全保障局および中央情報局の元局員で、米政府の機密文書を流出させたことで追われる身になった。その後ロシアに亡命している。

17　とがった投資戦略

プレジャーDAOが投資する対象は、世間で話題になったものが多いです。

また、投資対象としては他のコレクターDAOと同様にNFTへの投資が多いですが、NFTだけでなく実物資産へも投資しています。

🔑 **KEYWORD**

- 世界に1つだけの音楽アルバム
- 資金調達

世界に1つだけの音楽アルバム

プレジャーDAOの投資の例として有名な例が、冒頭で紹介した世界で1枚のアルバム "Once Upon a Time in Shaolin" です。

このアルバムについても、歴史的な重みがあり、世間でニュースになった、とにかく話題に事欠かない存在になっています。

プレジャーDAOは、そういった話題になりやすいものを中心に収集していますが、その選球眼の良さを説明するためにも、この音楽アルバムの話に深入りしたいと思います。

このアルバムを作成したのは、ヒップホップグループのウータン・クランです。音楽の価値がストリーミングと海賊版によって不当に安くなってしまっているという反発があり、音楽の価値を美術と同様の価値に高めたいと考えていました。

そのため、一般に販売することは目的とせずに、世界にただ1枚だけのアルバムを生産することにしたのです。

このアルバムは6年にわたって秘密裡に作成されました。そして、宝石で覆われた銀色の箱に保存されて、2015年にオークションにかけられました。

その際には「西暦2103年まで商業的に内容を公開してはならない」という条件もつけられていました。ほぼ100年後であり、事実上、買った本人とその周囲の人しか、中身の音楽を聴くことができないということです。

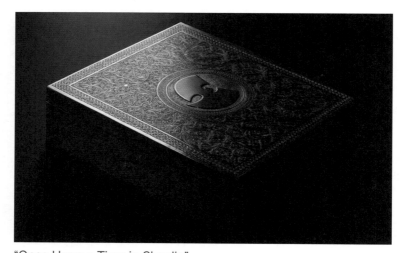

"Once Upon a Time in Shaolin"
https://www.nme.com/news/music/us-government-share-new-photos-of-wu-tang-clans-
once-upon-a-time-in-shaolin-album-3131483

　このオークションで落札したのは、ヘッジファンド^{注2}の創設者であり製薬会社の幹部であったマーティン・シュクレリ氏です。約200万米ドルで落札したようです。

　しかし、彼の行動には様々な問題がありました。ダラプリムという長期にわたって使われていた抗マラリア剤の販売権を買収し、既に流通していたダラプリムを一掃した上で出荷量を制限したのです。その結果、1錠13.5米ドルだった価格が1錠750米ドルへと、56倍にもなったのです。

　この行動は世論の大きな反発を招き、結果として証券取引法違反で懲役7年の実刑判決を受けることとなりました。

　この過程の中で、"Once Upon a Time in Shaolin"も、米国政府に押収さ

注2：機関投資家や富裕層から私募により資金を集めて投資信託を行う企業

れます。

そして、2021年7月に新しい買い手へ販売されました。その買い手が、プレジャーDAOでした。購入金額は、約400万米ドルです。

ジャミス・ジョンソン氏の公開している動画

https://www.youtube.com/watch?v=sC-35uHaMG8

ジャミス・ジョンソン（プレジャーDAOのChief Pleasing Officer）氏が、購入したアルバムを受け取り、自身のノートパソコンで音楽を聴いている模様がYouTubeで公開されています。

受け取りには武装したセキュリティガードがつき、非常にものものしい雰囲気ですが、本人はとても楽しそうです。

「2103年まで商業的に内容を公開してはならない」という条件があるため、さすがに録音された音楽自体は全く公開されていませんが、大きな箱を開封し、銀色のケースからアルバムを取り出す様子や、分厚い革表紙の歌詞カード（？）など、ビジュアル面では具体的な中身が分かるようになっています。

価値があるものを購入するだけでなく、それを自らもYouTube等で公開し様々なストーリーを付加することで、世間からの注目をさらに高めて資

産価値を上げるという戦略なのでしょう。

　資産を選ぶ選球眼も素晴らしいと思いますし、購入後のプロモーションも上手ですし、あらゆる点で抜け目のない洗練された組織と言えるでしょう。

▎資金調達も拡大

　プレジャーDAOは、資金調達も継続的に進めています。

　2021年12月には、大手のベンチャーキャピタルであるアンドリーセン・ホロウィッツ（通称a16z）から出資を受けています（金額は非公開）。

　その後も、継続的に資金量を拡大しているようです。

　また、取得したNFT自体を担保として資金借り入れを行うという、これまでになかった手法も実行しています。

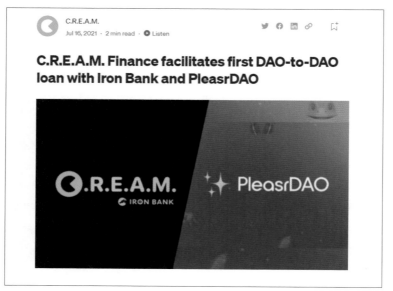

プレジャーDAOが資金を調達したことを報告するニュース
https://medium.com/cream-finance/c-r-e-a-m-finance-facilitates-first-dao-to-dao-loan-
with-iron-bank-and-pleasrdao-ed001f3b391

Cream Finance という DeFi サービスが、Iron Bank という名前の「プロトコル間ローン」を提供しています。

少し難しい言葉ですが、異なる DeFi を接続したローンであったり、異なる DAO 間でのローンと言い換えた方が分かりやすいかもしれません。

この機能を用いて、プレジャー DAO が NFT を担保として、350 万ドルを借りた（レンディングサービスを使った）ことが公開されています。

このような NFT 担保型ローンという方法自体が、実験的な例を除けば、世界初の出来事でした。プレジャー DAO は、投資先の選定だけでなく、資金調達方法など様々な面で新しい方法に取り組み続けているので、今でも多くの人から注目されています。

ウクライナDAO

2022年2月、ロシアがウクライナに侵攻を開始し、世界中を心配させる
ニュースが連日連夜続いています。

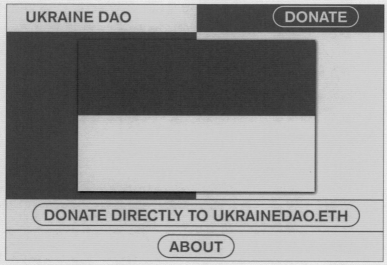

ウクライナDAOのウェブサイト

https://www.ukrainedao.love/

ウクライナDAOは、ロシアが侵攻を開始した直後に発足しました。世界中
からウクライナに対する支援が寄せられる中、ウクライナDAOも仮想通貨や
NFTによる寄付を募ることを目的としています。プレジャーDAOのメンバー
も、この発起人の一人となっています。

具体的には、ウクライナ国旗をデザインしたNFTを販売するという方法で、
2,188 ETH（約610万米ドル）を集めました。そして、この収益がウクライナ
の民間人や軍人を支援するNPO団体「Come Back Alive」に贈られました。

またこの寄付に参加した人には、LOVEという名前のトークンを配布されま
す。このトークンは実用性もなく、当時は価値もありませんでしたが、「崇高
な目的への貢献の美しい証しであり、思い出」とされています。

ただ、このトークンも、取引が可能となった初日には620％の価値上昇と
なったようです。

Chapter **6**

FWB

18 FWB の概要

18 FWBの概要

ソーシャルDAOは、投資DAOのような投資だけを目的にした組織ではなく、オンラインコミュニティとして設立されたDAOです。同じ目的、同じ考え方を持つ人々が集まり、意見交換し、社会的な活動を行うことを主目的としています。

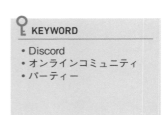

KEYWORD

- Discord
- オンラインコミュニティ
- パーティー

リアルに集まるイベントを開催

そのソーシャルDAOとして有名なのが、FWB（Friends With Benefits）です。

FWBのウェブサイト

https://www.fwb.help/

FWBは、最初は投資家たちによる、Discord（チャットツール）のグループとして始まりました。

その後、Discordでの情報交換だけにとどまらず、マイアミ、パリ、ニューヨーク、ロサンゼルス等の世界各地でメンバー限定のパーティーを開くなど、様々なイベント活動を行い、コミュニティを形成しています。

例えば、ニューヨークでのイベントの様子は、下のように公式Twitterでも公開されています。

Twitterに公開されているFWBのパーティーの様子
https://twitter.com/FWBtweets/status/1425234208016928774

Part
4

ソーシャルDAO

　そして、本書執筆時点（2023年2月）でも、数多くのイベントが企画されています。

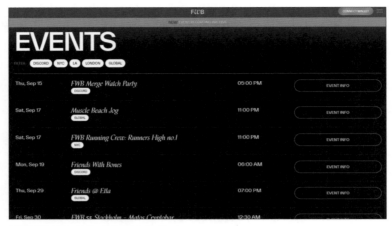

予定されているたくさんのイベント

https://www.fwb.help/events

　イーサリアムの「the merge」という大型アップデートをウォッチするイベント、マイアミビーチを走るイベント、ブルックリンで走るイベント、ロサンゼルスで犬と一緒に散歩するイベント、シンガポールのペントハウスでのパーティー、ストックホルムでWeb3について会話するイベント（Crypto BAR）など、開催場所も、テーマも様々です。平均すると週に1回以上のペースで、世界のどこかでイベントが開催されているような状況です。

　DAOというとバーチャル上で集まって意見交換するというイメージがありますが、FWBではリアルなイベントを数多く開催し、そこで多様な経歴の人同士のネットワークを作るということを重視しています。FWBにはWeb3業界での著名人も数多く参加しているので、そのような人と直接会話できるというだけでも価値があることなのだと思います。

メンバーになるには審査が必要

FWBには、本書執筆時点（2023年2月）で、4,000人を超えるメンバーがいるようです。ただ、誰でもFWBのトークンを買ってメンバーになれるわけではありません。

メンバーの新規加入については、既存メンバーによって構成されている委員会によって審査されます。

FWBは、「**独自の視点とアプローチを私たちのコミュニティにもたらし、DAOの文化を前進させる人々**」を探しているとのことです。この価値観に合うかどうかを、委員会で審査しているのです。

FWBの参加方法

https://www.fwb.help/join

メンバーの加入申請にあたっては、まず登録（Application）を行い、運営側から連絡が来るのを待ちます。すると委員会から質問が送られるので、それに回答するのです。回答にあたっては、論文を書くようなスタイルではなく、友達に手紙を書くようなスタイルが推奨されているようです。職歴（CV）を提出することも必要なのですが、それ以上に重視されているのは個人的な興味や情熱についてです。

　そして、無事に参加が承認されると、FWBトークンを購入することができるようになり、正式なメンバーとなることができます。

　購入したトークンの量によっても、FWB内でできることが変わってくるようです。

　5 FWBを購入すればローカルメンバーに、75 FWBを購入すればグローバルメンバーになることができます。ローカルメンバーになれば様々なイベントに参加できますし、さらにグローバルメンバーになればFWBの主要プロジェクトについてのDiscordのチャットに参加できるようになります。

　FWBは、投資だけを目的にした組織ではなく、仮想通貨業界やWeb3業界のコミュニティとして社会活動をすることを重視しています。この業界の有名人、有識者が集まることで、意見交換だけでなく、具体的なサービスやプロダクトを作ることもあります。

そういった活動をしているソーシャルDAOの中では、FWBは最大規模です。

投資の受け入れもメンバーで決定

　FWBには、この世界で有名なベンチャーキャピタルであるa16zも投資しています。

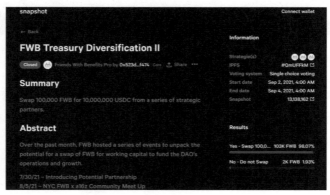

投資の受け入れ方法に関する投票
https://snapshot.org/#/friendswithbenefits.eth/proposal/QmUFFkMER4R
54dnBRJXL3WTLsktfUTK8KrdTwBbZmRTjSn

　もちろん、投資の受け入れに関しては、FWBのメンバーにより、DAOとしての意思決定がオンチェーンで行われました。この投票結果は公開されているため、誰でも見ることができます。

　出資の形態は、FWBのトークンと、出資金（USDCというドルに連動したステーブルコイン）を交換するという方法です。具体的には、10万FWBと、1,000万USDCをスワップ（交換）するという提案でした。この提案に対して、FWBの中で98.07％の賛成票を得て決定しています。

　1,000万USDCは、1,000万ドルに相当します。つまり、1 FWBを100ドルという比率で交換したことになります。

参加することがステータス

　FWBでは、メンバーに対して「なぜFWBに所属するか」というアンケート調査を行い、その結果を公開しています。

FWB内で行われたアンケートの結果
https://fwb.mirror.xyz/1-n3WaN_BBM7n3wVhY2HhI5UnIWhuKVcttuv-X6Njko

Part
4
ソーシャルDAO

103

　この調査によると、メンバーがFWBに入る理由として圧倒的な1位となっていたものは、「**同じ志を持つ人たちのコミュニティにアクセスできること**」でした。

　また、FWBの価値についての質問には、「他では出会えない新しい友人との出会い」と答えた人が最も多くなっています。

　これまでもリアルやバーチャルのイベントは無数にありましたが、**ソーシャルDAOという形態によって、さらに新しい人の出会い方が生まれていると言える**でしょう。

Aragon

19　Aragonの概要

Aragonは、DAOを簡単に作ることができるサービスです。

試しに筆者自身も作ってみましたが、本当に驚くほど簡単にDAOを作ることができましたので、手順も含めて紹介していきます。

多くの利用実績があるAragon

AragonはDAOを作ることができるサービスで、既に多くの利用者がいます。

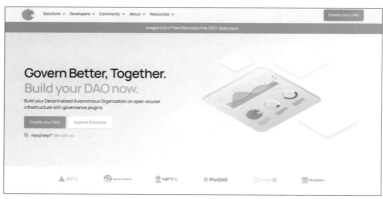

Aragonのウェブサイト

https://aragon.org/

いくつものプロジェクトが、Aragonを利用してDAOを構築しています。例えば、Aave、Curve Finance、Decentraland、mStable、Zoraなどの有名なプロジェクトもAragonを利用しています。

Aragonを利用しているサービスの例

https://poweredby.aragon.org/

Aragonのウェブサイトによると、これまでに3,800以上のDAOが作られ、3億米ドルの資産が預け入れられ、それによるDAOのメンバーの総数は30万人を超えているようです。AragonはDAOを知るうえで欠かせないものであると言えるでしょう。

20 DAOを実際に作ってみる

　抽象的に説明するよりも、実際にDAOを作る手順を見た方が、実感が湧くでしょう。本当に簡単なステップでできますので、画面イメージも含めて主要な手順をご紹介します。

　ただし、事前準備で少々複雑な部分もあるので、難しければ読んでイメージするだけでもよいでしょう。

🔑 KEYWORD

- DAOの作成
- テンプレートの設定
- トークンの設定

AragonでDAOを作成する

　Aragonでは2種類のDAOを作るツールがあり、それを初めに選択します。左に表示されているAragon Clientはより基本的なもので、通常はこちらで十分でしょう。実際にこちらのツールを使って2,000を超えるDAOが作成されています。今回もこちらを使用します。

　右側にあるAragon Governは、高度な機能を持つDAOを作成するときに使用します。誰かが異議を唱えるまでは全ての提案が承認されるなどといった、より高度なガバナンスのルールを実現できるものになっています。

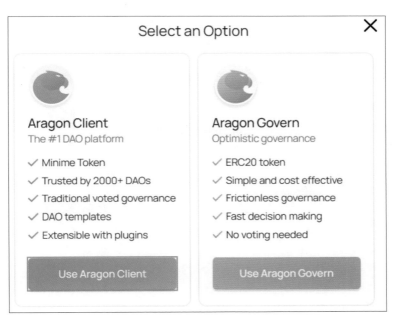

2種類の DAO 作成方法

https://client.aragon.org/#/

DAO を作成するには、まずログイン（自分自身のウォレットを接続）する
必要があります。

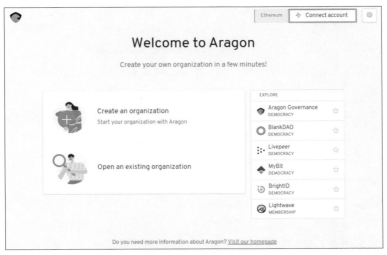

Aragon のトップページから DAO を作成する。

https://client.aragon.org/#/

Part
5

DAO を作る DAO

画面右上の Connect account を押して、接続するウォレットを選びます。ここでは、MetaMask というメジャーなウォレットを使ってみました。

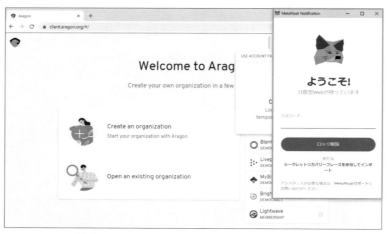

MetaMask を接続する。

https://client.aragon.org/#/

ウォレットのパスワードを入れると、Aragon に自身のウォレットを接続することができます。

その後表示される画面で「Create an Organization」を選択するのですが、ここでDAOを作りはじめるためには、接続したウォレットに仮想通貨が入っていなければなりませんが、それには実際の通貨が必要です。

しかし、Aragon の機能をお試しするだけであれば、とても良い方法があります。

メインネット（本番の環境）ではなく、**テストネットを使う**のです。テストネットとは、本物の仮想通貨を使うのではなく、擬似的な仮想通貨を使って技術的な検証を行う仕組みです。この準備作業が少々複雑なので、難しければ一旦このまま読み進めてください。

今回は、Mumbaiというテストネットを使いました。Googleで検索すると、このテストネット上の自分のウォレットアドレスに、MATIC という仮想通貨を無償で振り込んでくれるサービスが見つかります。筆者の場合は、こ

のサービスを使って即時に0.5 MATICを入手しました。

　その後、MetaMask上でもMumbaiに切り替えてAragonにアクセスすることで、無事に次のDAOを作成する画面（Create an Organization）へ進むことができます。

　ここまでが少し複雑でしたが、ここからは簡単かつ直感的にDAOを作成できます。ここからの作業はログイン後に行います。

▶ Step1　テンプレートの選択

　これが、DAOを作るための最初の画面です。

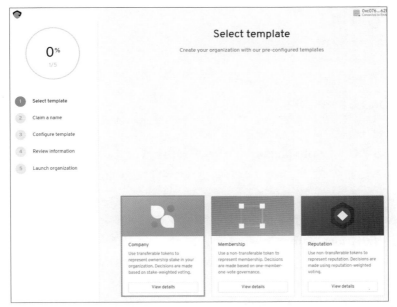

ログイン後の最初の画面

https://client.aragon.org/#/create

　この画面では、様々なDAOのテンプレートを選ぶことができます。今回はCompanyというよく使われるテンプレートを選びました。

　これは企業の形態に似ているDAOです。組織自体へのオーナーシップを

示すトークンを発行し、そのトークンの持ち分に比例して議決権が与えられるというスタイルの組織を作ることができます。

▶ Step2　DAOに名前をつける

ステップの2つ目は、DAOに名前をつけるだけです。

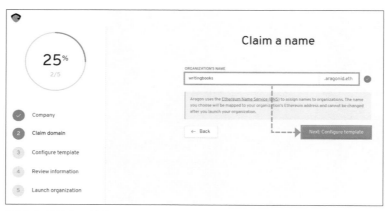

DAOに名前をつける。

https://client.aragon.org/#/create

ここでは、「writingbooks」という名前にしました。

後ろにドメイン名がつくので、正式な名前はwritingbooks.aragonid.ethになります。

なお、ここでのドメイン名は、ウェブのドメインではなく、正確にはENS（Etherium Name Service）という、イーサリアムでの名前空間[注1]になります。一番最後が .eth になるのが、ENSの特徴です。

▶ Step3　テンプレートの初期設定

テンプレートの初期設定も、数項目だけです。非常に簡単に設定内容をカスタマイズすることができます。

注1：多数の数字等で示される覚えにくいアドレスを、アルファベットを使った分かりやすい名前に置き換える際に、それぞれの名前が重複しないように階層的に管理する仕組みのこと。

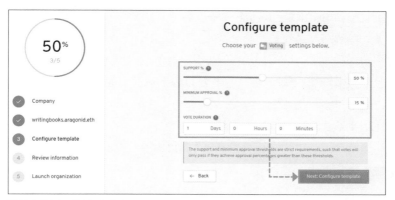

議決に関する設定を行う。

https://client.aragon.org/#/create

Part
5

DAOを作るDAO

上の画面では、議決に関する設定を行えます。

　初期値では、投票された中で半数（50%）を超えて、さらに全議決権に対して最低15%の賛成を得ていれば、提案が承認されるというルールになっています。また、投票期間は1日（1 Day）です。

　この画面ではこれらの数値を、自由に変更することができるようになっています。

　また、この設定には続きがあります。次の画面では、発行するトークンの名前を決めることができます。

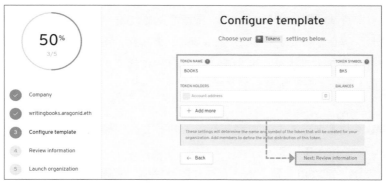

トークンの名前を決める。

https://client.aragon.org/#/create

113

　ここでは、**BOOKS** というトークン名で、略称（Token Symbol）が **BKS** というものを作ってみました。

　また、その下段では、誰にどれだけのトークンを発行するかを決めることができます。ここでは、トークンをいくら配っても構いません。自分が印刷したお金を配るようなものだからです。
　とりあえず、ここでは自分自身に1,000のトークン（1,000 BKS）を発行してみました。

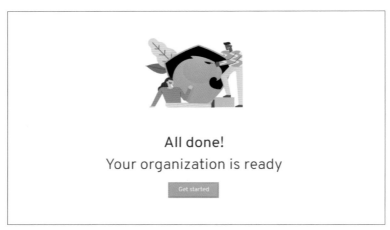

All done!
Your organization is ready

Get started

これで設定が完了し、DAOが作成される。

https://client.aragon.org/#/create

　これで設定は完了です。あとは、確認画面で「Get started」を押すだけです。
　なお、DAOを作成する際に、わずかな「**ガス代**」が必要です。ガス代とは、イーサリアム上で様々な取引をする際の手数料です。今回はテストネットを使用しているため実質無料です。

　DAOを作るとなると、専門的知識を持った人が複雑な準備作業をするという印象を持っている方も多いでしょう。
　しかし、Aragonを使うと、たった数分程度で実働するDAOを作ることができます。あまりにも設定が簡単なので、少し拍子抜けするとともに、Aragonの素晴らしさを実感できます。

21　作成したDAOを操作してみる

作成したDAOはすぐに使える状態になり、トークンを
追加発行したり、投票を行ったりすることができます。

🔑 **KEYWORD**
- トークンの画面
- 投票の画面

作成したDAOでできること

では、作成したDAOでどのような設定ができるかを見ていきます。

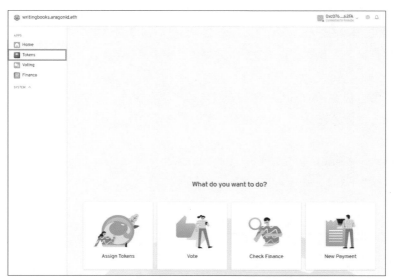

作成したDAOのトップ画面

https://client.aragon.org/#/writingbooks/

これが、作成した「writingbooks DAO」の最初の画面です。

左のメニューから、Tokensの画面を見てみましょう。

トークンの画面

https://client.aragon.org/#/writingbooks/

　ここでは、既に配布したトークンの一覧を見ることができます。さらに、右上の Add Tokens から、トークンを追加配布することもできます。

　トークンを追加配布するにも、わずかなガス代が必要です。とはいえ、0.00007 MATIC という 1 円にも全く満たない程度の価格です。しかも、今回の操作はテストネットなので、実際には全く無料です。

　さて、最も DAO らしい機能が、次の投票（Voting）です。
試しに自分自身で、1 つ提案を作ってみました。

Do you want to write a best-seller book?
（ベストセラーの本を書いてみたい？）

投票の画面

https://client.aragon.org/#/writingbooks/

116

　筆者が適当に作成した提案内容ですが、この提案に対して Yes、No で投票ができるようになっています。今回は最初に設定したとおり、投票期間は 1 日です。

　もちろん、この DAO のトークン（BKS）を持つ人のみが、この提案に投票することができます。本格的な DAO の機能が、ここで実現されているのです。

　その他にもいくつかの画面がありますが、これ以上は説明が冗長になるので割愛します。Aragon によって、非常に簡単な準備をするだけで、本格的な DAO を作成できるということがご理解いただけたのではないかと思います。

Part
5

DAO を作る DAO

22　Aragonが目指すもの

Aragonは、何を目指しているのでしょうか。
　現在では実験的な要素も含めて様々な活動に取り組んでいますが、活動の中心としては、DAOという組織形態を世界中に浸透させるための啓蒙活動と、実際にDAOを作成するためのプラットフォームの整備です。

🔑 **KEYWORD**

- マニフェスト
- 価値の維持、拡散、防御
- 啓蒙活動
- プラットフォームの整理

Aragonのマニフェスト

Aragonの運営方針を示したマニフェストには、以下のように記されています。

- 01　分散型組織の作成と管理を可能にする、無料の自由なオープンソーステクノロジーの構築
- 02　分散型組織が繁栄するための暗号ネットワーク（Aragon Network）の促進
- 03　マニフェストの価値観を支えるコミュニティの構築
- 04　マニフェストを支持する新しいガバナンスモデルの実験
- 05　トークンを販売することで、これらの価値観を守ってタスクを実行するチームへ資金を提供
- 06　分散型テクノロジーをサポートし、必要な基盤を作っている他のエンティティへの協力
- 07　トークンセール、知的財産、ブランドからの収益を含む全ての資産を使用して、上記で宣言された価値を維持、拡散、防御

https://aragon.org/manifesto より筆者訳

　最初の01で示している部分が、まさに先ほど手順を見てきたDAOを簡単に作成できる機能のことであり、それを支えるための組織として02にあるようなAragon NetworkというDAOを運営しています。

　03や04は、コミュニティの構築や、ガバナンス運営において、このマニフェストを中心に行うということを明示しているものになっています。

　また、メンバーの貢献に対しては05にあるようにAragonの独自トークン（ANT）を発行して、そのトークンを割り当てることでメンバーの貢献に報いるかたちを取っています。

　06や07では、上記を守ることを通じてDAO文化そのものを発展させていくことを目指すことを表明しています。

23 Aragonの運営内容

もちろんのことではありますが、Aragon自体の運営についても、DAOという形態をとっています。そのDAOの姿を見てみましょう。

🔑 KEYWORD

- 運営の仕組み
- 紛争の処理
- 法的管理組織

Aragon自身のDAO

Aragonを運営しているのはマニフェストの中にも登場した、**Aragon Network DAO**です。

このDAOが発行するトークンが、ANT（Aragon Network Token）となります。

Aragon Network DAOのウェブサイト

https://andao.aragon.org/

このDAOの仕組みは、一般的なDAOの仕組みとほぼ同様です。

| チャット | フォーラム | Aragon Voice | Aragon Goverm |

Aragon Network DAOの仕組み

https://andao.aragon.org/

Part
5

DAOを作るDAO

　メンバーは、チャット（Discord）やフォーラムを使ってフランクなかたちで提案や意見交換を行い、Aragon Voiceという提案を行う機能やAragon Governという提案内容を決定する機能を使って意思決定を行います。

　提案内容の議論については、メインDAOという全メンバーに公開している場で行います。そして、議論を円滑に促進するために、資金、コンプライアンス、技術、紛争解決のそれぞれの観点から専門的な組織（委員会）が用意されています。

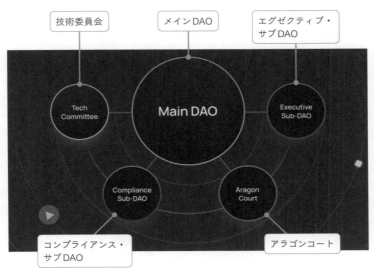

意思決定機関の構造

https://andao.aragon.org/

121

▶ **メインDAO**

　Aragonの全メンバーに公開されていて、投資方法やコミュニティ管理ルールについて提案し、投票することができる場です。

▶ **エグゼクティブ・サブDAO**

　Aragon全体の戦略的調整を行い、金庫の資金配分を調整するための委員会です。

▶ **コンプライアンス・サブDAO**

　倫理、リスク、持続可能性に関する対話を促進するための委員会です。Aragon全体を守るための拒否権も持っています。

▶ **技術委員会 (Tech Committee)**

　提案内容の一部として提出されたコードのチェックを行い、必要に応じて技術監査を行う委員会です。

▶ **アラゴンコート (Aragon Court)**

　Aragonのメンバーによる紛争解決メカニズムです。この後、詳細を説明します。

紛争を処理する仕組み

　アラゴンコートは、直訳するとアラゴン裁判所という意味です。ですが、ここでは陪審員の仕組みと考えた方が分かりやすいかもしれません。
　通常の意思決定については、提案に対するDAO上での投票という形式で、スマートコントラクトを使ったオンチェーンの仕組み (P.27) を使います。しかし、この仕組みを使っていても、様々な意思決定を巡ってメンバー間で紛争が起こることもあります。こういった紛争を解決するための機能が、アラゴンコートです。

　また、通常の陪審員制度とも異なるのが、陪審員自体が事前に「賭け金」を拠出し、最終的に多数派となったグループで賭け金総額を山分けするという**ギャンブル的な要素が入っている**ことです。陪審員としての自分の判断が全体判断と異なってしまった場合は、自分の賭け金が没収されてしまいます。

　実際の、紛争解決の手順を見てみましょう。

▶ 01　争議の開始と証拠の提出

　争議が開始されてから7日間は、証拠提出期間になります。この期間中に証拠となるデータを提出します。この証拠は、後にガーディアン（直訳すると保護者、ここでは陪審員として投票を行う人）によって確認されるものです。

　なお、この期間は7日間とされてはいますが、争議を開始した人はいつでも証拠提出を完了して、次のステップに進むこともできます。

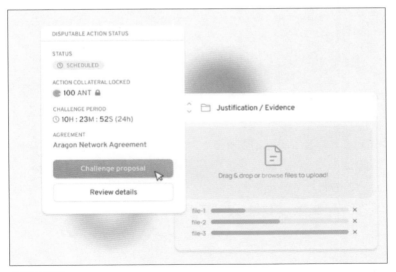

争議の開始

https://aragon.org/aragon-court

123

▶ 02 ガーディアンの選出

証拠提出期間が終了した後、最初の裁定ラウンドが開始され、ガーディアンの選出期間が始まります。

ガーディアンには Aragon のメンバーであれば誰でも立候補することができますが、実際にガーディアンとして選出される可能性は、保有するトークンの量に比例します。下図では、25％（低い可能性）、50％（高い可能性）と表示されている部分が、選出される確率を示しています。

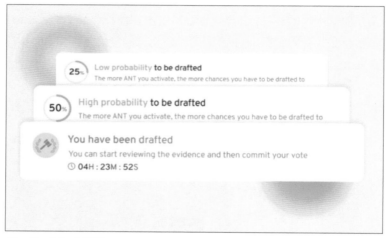

ガーディアンの選出

https://aragon.org/aragon-court

ガーディアンとして選出されると、陪審員として投票を行う権利を得られます。

なお、この時点で一定量のトークンをロック（預け入れる）かたちになります。これが「賭け金」に相当する部分です。

▶ 03 投票

投票期間は、ガーディアンにとって重要な期間です。提出されている証拠の内容を検討し、客観的に争議対象のどちらを支持すべきかを考えるとともに、**自分以外のガーディアンがどちらに投票するかについて**も予測します。

ここで、投票に敗北する（全体の投票結果と自分の投票結果が異なる）と、自分自身がロックしていたトークンがなくなり、投票に勝利したガーディアンに再配布されます。

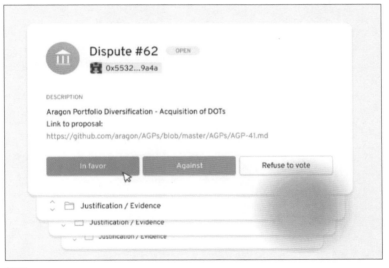

投票

https://aragon.org/aragon-court

▶ 04 自分の投票内容の公開

　投票期間が終了した後、自分の投票結果を外部に公開する期間として、2日間が定められています。基本的には、自動公開サービスという設定があるので、これを有効にしておけばこの段階では何もする必要はありません。

　自動公開サービスを使っていない場合は、この期間中に手動で「投票を公開する」というボタンを押して投票内容を公開します。万一、公開する作業を忘れてしまうと、投票結果の勝敗に関係なく預けていたトークンがなくなります。

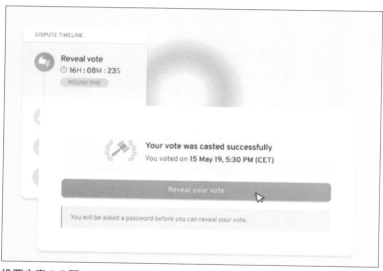

投票内容の公開

https://aragon.org/aragon-court

▶ 05　上訴

　全体の投票結果が明らかにされ、自分自身が多数側に投票したかどうか
が判明します。

　しかし、その結果が確定する前に、**上訴**（アピール）する期間があります。
トークンを担保としてロックした上で、上訴を行うと、再度投票にかける
ことができます。ただし、上訴は無限に実行することはできず、最大回数
が現時点で4回に設定されています。それ以上の回数上訴したとしても、
最終決定が行われます。

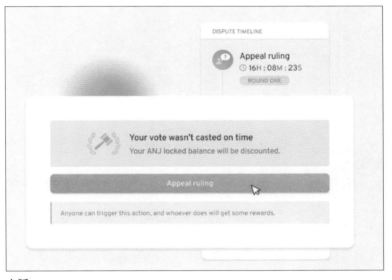

上訴

https://aragon.org/aragon-court

▶ 06 最終決定

上訴がなく結果が確定した場合は、その結果がスマートコントラクトに送信され、報酬とペナルティの分配が実行されます。

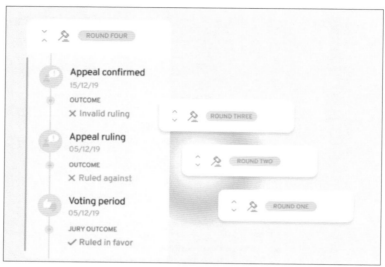

最終決定

https://aragon.org/aragon-court

アラゴンコートでの紛争解決の仕組みは、現代の司法制度とは若干異なる仕組みとなっています。これについて、筆者の見解として、詳しく見ていきましょう。

現代の司法制度では、法律の知識を持ち実務経験を積んだ裁判官や、市民としての良心を持った陪審員を前提として、法的、倫理的に正しい判決とすることが期待されています。

しかし、アラゴンコートの仕組みでは、投票した陪審員にとっては自分の資産を賭けたギャンブルという要素があります。判決結果と同じ側に投票すればリターンを得られますし、違う側に投票してしまえば賭け金が没収されてしまうのです。いわば、経済学者ケインズが説明した「**美人投票**[注1]」

注1：100枚の写真の中から最も美しい6枚の写真を選出し、その選択が投票者全体の平均的な好みに最も近い場合に賞が与えられるという方式のこと。この場合、投票者自身の好みではなく、他の投票者の好みを考慮して選択が行われる。経済学者ケインズが、プロが行う株式投資を例えた方法。

という方法と同じです。

　このような仕組みのため、法的、倫理的な正しさも一定程度考慮するでしょうが、それ以上に他の人がどのようにジャッジするかを予測し、自分が賭け金を失わないようにすることが最優先となります。

　極論を言えば、詐欺で被害を受けた少数派がここに駆け込んでも、詐欺を働いた多数派が多くの議決権を持っているのであれば、他の陪審員も詐欺を働いた側を支持してしまうでしょう。

　とはいえ、この仕組みは非常に現実的な落としどころであるようにも思います。

　仮にAragonで詐欺まがいの取引が行われたとして、それを現在の司法制度としての裁判所に訴えたとします。ですが、果たして裁判官や弁護士がどこまでこの難解で複雑なDAOの仕組みを理解して、公正に判決を下すことができるでしょうか。

　明らかな詐欺であればまだしも、賛成派と反対派の双方に言い分があるようなケースはどうでしょうか。それらの紛争を法的、技術的、倫理的に正しく判断でき、さらに多くの人からその判断力の正しさを認められているようなスーパーマンは、ほとんど実在しないように思います。

　Aragonは、DAO内の紛争に対して正しく判断できる人がほとんどいないという現実の制約を踏まえ、もめごとを長期間放置するのではなく、市場原理の多数決で一定期間で整理していく方が、組織全体にとっては効率的で良い方向に向かうという判断をしたのかもしれません。

Aragon の法的管理組織

Aragon自身も多額の資産を扱っているため、Aragon協会（Aragon Association）という法的管理組織を持っています。

Aragon 協会のウェブサイト

https://aragon.org/aragon-association

Aragon 協会は、スイスに拠点を置く非営利団体です。Aragon プロジェクトの法的管理人であり、Aragon Network DAO が発行しているトークンの販売で調達された資金を管理する責任を持っており、助成金を通じてAragon に関係する多くのチームや DAO に資金を提供しています。

また、Aragon が保有している資産の状況や、経費の支出状況等について、対外公開し、透明性を確保しています。

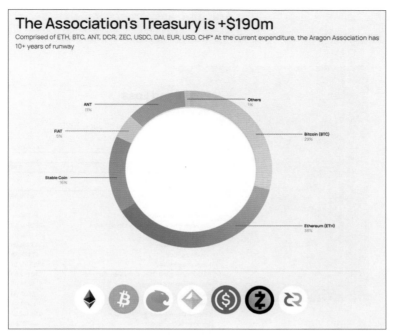

Aragon の支出情報

https://aragon.org/aragon-association

　Aragon 協会が、仮想通貨の形態で管理している資産の総額は、1.9 億米ドル相当です。保有している仮想通貨の内訳は、イーサリアムとビットコインが圧倒的に多く、その次にはステーブルコイン（US ドルなど現実の貨幣と価値が連動する仮想通貨）が多くなっています。

　また、2年に1回の頻度で、Aragon Transparency Report というタイトルで、経営状態等について説明する報告書を公開しています。

Profit and Loss	
Aragon Association	
For the 6 months ended 30 June 2021	
Account	**Jan-Jun 2021**
Gross Profit	**0.00**
Operating Expenses	
Accounting and Tax Consulting	18,178.60
Advertising & Marketing	3,154.54
Ambassador and Advisory Fees	34,790.34
Gas Fees, Banking & Liquidity Management	287,302.40
Events	1,141.86
Grants and donations	45,291.09
Legal expenses	39,439.39
Network Incentives	299,217.97
PR Consulting and Community Management	111,012.88
Recruitment and HR Fees	74,377.10
Rent	7,500.00
Research	113,299.06
External Developers & Security Audits	438,393.57
Software Subscriptions	43,681.60
Travel Expenses	31,390.66
Employees, Contractors & Vesting	1,353,304.00
Total Operating Expenses	**2,901,475.06**

Aragon の経営状態等についての報告書
https://assets.website-files.com/5e997428d0f2eb13a90aec8c/60f15e66bc685a9ffe
fe088e_Aragon_Transparency_Report_-_07-21_18.pdf

　ここでは、同協会の損益計算も明示されていますが、利益（Profit）は全く発生しておらず、経費のみが290万米ドル発生しているという状況になっています。

　もともと Aragon プロジェクトは、2017年5月に実施された ICO で2,500万米ドルを調達することに成功していますし、その後の各種仮想通貨の含み益も考慮すると、経費として支出している金額は大きなインパクトではないのかもしれません。

COLUMN　Aragon創業者の放逐

　DAOはメンバー全体のものであり、特定の個人が支配できるものではありません。そのことを証明するような事例が、Aragonで発生しました。

　Aragonの創業者であり、Aragonの開発を主導する企業（Aragon One）のCEOを務めるホルヘ・イスキエルド氏が、DAOによる決定のもとでCEO職の退任を勧告されたのです。同氏は勧告を受け入れ、2021年1月に退任することになりました。

Jorge Izquierdo
@izqui9

Today I resigned as Aragon One's CEO.

Leading this team has been the privilege and adventure of a lifetime and I am immensely proud of what we achieved.

I feel quite sad that it's come to this, but given circumstances following, I don't think I can keep doing a good job.

ツイートを翻訳

午前2:37 · 2021年1月12日 · Twitter Web App

Aragonの創業者の退任

https://twitter.com/izqui9/status/1348685548072923138

　一般的にDAOの草創期においては、DAOと言えども自律分散型でサービスを大きくすることは難しく、企業や財団という既存の形態も使ってサービスを展開していきます。MakerDAOの場合はMaker財団が、Aragonの場合はAragon Oneという企業が、この推進役を果たしたのです。

　Maker財団については設立当初から解散することを宣言していて、宣言通りに自主的に解散しました。一方で、AragonではDAOとしての組織規模が

Part
5

DAOを作るDAO

大きくなるにつれてそれぞれのメンバーが力を持ち、権力闘争の結果、最終的に Aragon One 社の CEO を放逐するというかたちで、DAO としての自立分散運営を勝ち取ったのです。

　このようなやりかたに賛否両論があるとは思いますが、メンバー全体での公平な意思決定を尊重し、特定のメンバーによる支配を許さなかったという点で、非常に DAO の特徴が現れたケースだと思います。

Chapter **8**

DAO の現状と未来

24　DAOの特徴の振り返り

これまで、典型的なDAOの事例について具体的に紹介してきました。

このような未知の世界が既に世界中に広がっていたことに少しでも驚きを感じていただけたならば、筆者として幸甚です。

KEYWORD

- DAOの共通点
- 分散型の意義

｜ DAOの共通点

本書で紹介してきたDAOは、いずれも特徴的なものばかりでしたが、組織構成、意思決定方法や技術的な部分については、共通した部分も多くありました。

組織の成り立ちは、DAOによっては加入要件や既存メンバーによる審査があるものの、基本的には広く募ったメンバーによって組織は成り立っています。また、DAOが発行するトークンを購入することで議決権を得て、投票によって意思決定を行っています。

技術的な面では、イーサリアムのオンチェーンの仕組みを使って、トークンを保有する人による投票システム等を自動実行するとともに、オフチェーンの仕組みとしてフォーラムやDiscordなどのチャットツールをうまく併用しているということも、各DAOに共通して見られる特徴でした。

一般的な書籍の構成とは順序が逆転するかもしれませんが、ここまでで個々のDAO事例を踏まえて、ここから最後のチャプターとして、DAOの一般的な特徴をまとめてみたいと思います。

また、今後DAOがどのような将来に向かうかについても、筆者なりの予想を加えました。

分散型である意義

　DAOは、**分散型自立組織**（Decentralized Autonomous Organization）の略称
でした。この、Decentralizedという言葉は、中央集権を意味するCentralized
の否定形です。つまり中央集権の真逆という意味合いになります。

　実際DAOは、様々な側面から特定のヒト・モノに依存しない分散化を行っ
ています。この分散化は、どのような意義を持っているのでしょうか。

　まず、インフラ面についてですが、DAOのソフトウェアは主としてイー
サリアムのブロックチェーンを基盤としていました。イーサリアムにはス
マートコントラクトという自動で動作するプログラムを組み込む機能がある
ので、これを使って様々なソフトウェアを作っていたわけです。

　そして、そのイーサリアムのネットワークでは、インターネットを経由
して世界中のコンピューターが発生する取引の整合性を検証しています。

　このような特徴を持つため、インターネットがある限り、世界中に分散
しているDAOへのアクセスは世界中どこからでも可能であり、特定の国が
DAOの利用を禁止しようとしても、DAOは特定の国に属さないためそのよ
うなことはできません。インフラの分散化により、特定のボトルネックが
ない信頼性の高いサービスとなっています。

　労働力という面でも、DAOは従来の組織と比べて有利です。DAOの形態
にもよりますが、基本的に世界中のどこからでも労働力を提供することが
できるためです。

Part
6

DAOの総括

137

　ガバナンスについても、分散型であることが長所になっています。

　会社組織であれば、経営層と現場社員との情報共有は簡単ではありません。経営の生々しい情報については機密情報等も含まれているので、社員であっても全てにアクセスすることはできません。逆に、経営者にとっても、現場で発生している事実関係を知ろうと思っても、部長、課長と何段階ものフィルターを通すために、都合の良い情報しか上がってこなかったり、かなりのタイムラグが発生したりしがちです。

　一方で、DAOでは全ての情報が、全てのメンバーに公開されています。そして、どのメンバーも、組織のルール変更や投資対象など様々な提案を自由に行うことができます。この非常に透明性の高い仕組みの上で、世界中に分散したメンバーが効果的にコミュニケーションを取りながら意思決定を行えるという部分が、組織ガバナンスにおいて、歴史的な形態と比較して画期的なことなのです。

25 DAOの長所と短所

これらのDAOの特徴を踏まえて考えてみると、DAOの長所と短所が見えてきます。それぞれについて、細かくその内容を見ていきましょう。

KEYWORD
• DAOの長所
• DAOの短所

DAOの長所

今までに登場したDAOの長所を確認していきましょう。

ひとつは、**ガバナンスの透明性が高い**という点でしょう。

メンバーからの提案内容や議決結果は全て公開されますし、それぞれの議決において、誰がどのような意思を示したかについても、全て記録が残されています。その記録自体もオンチェーンの仕組みとして、ブロックチェーン技術を使って改ざんできない形で公開されています（P.27）。

さらに、ブロックチェーンを使わないオフチェーンの仕組みとしても、フォーラムやチャットツール等があり、そこでも様々な議論が行われています。しかもその内容も公開されているので、後から参加したメンバーが過去の議論を調べることも簡単です。

このように、組織としてのガバナンスについて、非常に透明性が高いことがわかります。

次に、**外部からの圧力に対して強い**という点もあるでしょう。

通常の会社組織は、法人が登記されている場所や国の法律等の要請に従う必要があります。例えば、日本国内で登記した法人であれば、日本の法律に従う必要があります。

DAOの場合は、一部に米国の法人として登記している例もありますが、原理的には組織をどこかに登記する必要はありません。存在するために特

定の場所を必要としないためです。そもそも、本書執筆時点（2023年2月）では日本国内においてはDAOを定めた法律はなく、DAO自体に法人格が認められていません。

　しかし、日本で認めておらずとも、技術的にはDAOが動作するプログラムを走らせてしまえば、実際にメンバーがいて機能する組織として、DAOを立ち上げることができます。そのため、各国の政府組織等からの指示、制約といった圧力がかかりづらいと言えます。

　政府がDAOのサービス中止を求めるような極端な場合を考えてみます。通常の会社組織であれば政府からの要請（圧力）をある程度受諾しなければならないという結果になりますが、DAOの場合はそのような圧力があまり効果的に働きません。

　そもそも、DAOは中央集権的な組織ではないため、サービスを止めるという判断ですら特定の人だけで決めることができません。サービスを中止するということについての提案を投げかけ、メンバーからの賛成多数で承認を得られないと、そのような判断自体ができないからです。

　最後に、**メンバーを集めやすい**という点があるでしょう。

　DAOには様々な評価制度があり、貢献が多い人に見返りというインセンティブがあります。そのため、必要な場所に必要な人材が集まりやすい性質があるのです。

　例えば、旧来からの同好会サークルは、ボランティア的に働く運営メンバーが中心に存在し、彼らが様々な調整を行い、汗をかくことで組織が運営されてきました。しかし、このような運営メンバーに対して、貢献度に応じた報酬が支払われることはほとんどありませんでした。

　一方で、DAOには功績によって報酬を増やす仕組みがあります。汗をかいて運営に貢献したメンバーに対しては、そのDAOが発行するトークンを割り当てることが通常です。有名なDAOになると、そのトークン（ガバナンストークン）自体が取引所で扱われているため、他の仮想通貨や現金に換金することが可能です。このことは、メンバーを集める上での強い誘因力となっています。

また、金銭面を除外したとしても、DAOには同じ趣味、同じ専門分野を持つ人が集まってくるという強みがあります。トークンという数値化可能な基準によって、DAOへの貢献度が評価されるということ自体も、専門家としてのステータスを高めるという意味で重要になるからです。

DAOの短所

ここまで長所を見てきましたが、その一方で短所もあります。まず**サービスの安定性に欠ける**という点が大きいでしょう。

それぞれのDAOの歴史は浅いため、有名なDAOであっても、1年先、2年先に存在しているかどうかの予測が難しいです。

また、仮想通貨全般に言えることですが、報酬として支払われるトークンの値動きが激しく、価値が安定していません。DAOが発行するガバナンストークンが取引可能になったとして、その価値が暴騰する可能性もある一方で、暴落して紙くず同然になるリスクもあるわけです。

様々な点で、DAO自体の継続性については予想することが非常に難しく、サービスの安定性に欠けていることは事実だと思います。

また、**システムのバグが発生する**というリスクもあります。

この実例については、The DAOのところ（P.52）でご紹介しました。The DAOでは1億5000万米ドルの資金を調達するという大成功を収めた直後に、調達した資金の1/3が流出してしまうというハッキング被害に遭っています。

DAOの根幹部分（オンチェーンで意思決定を行う部分）はスマートコントラクト上に作られた、自動実行されるプログラムで動作しているので、このプログラムにわずかなバグがあれば、そのバグを突かれて大量の資金を失うという大きなリスクがあるのです。

特に、投資DAO、コレクターDAOのように、多額の資金を預け入れてそれを運用するタイプのDAOにおいては、この点は非常に気になる点かと思

います。

　もう1つ、あえて挙げるならば、**仕組みが非常に分かりにくい**という点もあります。

　そもそも、現時点ではまだDAOというものの知名度が圧倒的に低いですし、DAOという言葉を知っている人にとっても何やら得体のしれないものというイメージが大きいように思います。これは、The DAOの事件のような過去のマイナスイメージも影響しています。

　そして、実際の仕組みも複雑です。個々のDAOが独自にメンバー規約、組織ルール等を定めていますが、それらのルールはDAOにより全く異なります。

　例えばスマホの新規契約等をする場合では、その会社への信頼がある程度あるため、契約時に約款は多少読み飛ばすこともあるでしょう。しかし、DAOのメンバーとしてトークンを購入するのであれば、そのDAOのルールについて一通り読み理解しておかなければ、権利や義務関係を把握することができません。

　また、プロトコルDAOのようにDeFi技術を高度に活用するものであれば、金融リテラシーはもちろんのこと、プログラムの動作原理を理解するためのITリテラシーも必要になってきます。

26 DAOの法的整理状況

DAOは新しい組織形態であるため、法的整理が追い付いていないというのが現状です。
具体的に、米国の取り組みと、日本の状況を見てみましょう。

🔑 KEYWORD
• ワイオミング州での認可
• NFTホワイトペーパー
• Web3

米国の状況

実はDAOが日本よりも広まっている米国ですら、法的整理があまり追い付いていません。

唯一、ワイオミング州では、2021年4月にDAOを法人（有限責任会社）化することを認めるという法律が可決されました。法律の施行は同年7月1日でしたが、そして、その3日後には、早くも最初の法人（American CryptoFed DAO）が認可されています。

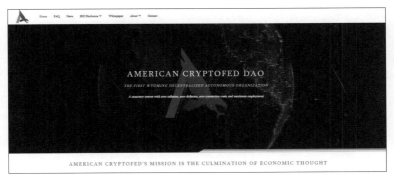

American CryptoFed DAOのウェブサイト

https://www.americancryptofed.org/

なお、ワイオミング州では先進的な取り組みが行われているものの、他の州ではまだ法律の枠組みは整っていないようです。

　DAO が発行するトークンについては、本書でも The DAO の部分（P.57）で触れたように、2017 年 7 月 25 日に、SEC（米国証券取引委員会）が見解を出し、米国証券法の「証券」に該当し、証券法の適用があり得るとしています。

　証券に該当するかどうかの判断には大きく 3 つの要素がありました。

- 「資金の出資」に該当すること
- 「利益を得る合理的な期待」があること
- 「共同事業として他者の経営努力からの利益発生」があること

　この要件は、**ハウイーテスト**（Howey Test）と呼ばれており、どのような行為が「投資契約」となるか、つまり米国証券法の対象となるかを決定するものです。歴史的には、1946 年に発生した W. J. Howey 社に対する訴訟事件をきっかけにして制定されています。

　相当古い基準ではありますが、最近になって仮想通貨（暗号資産）、DAO といった新興サービスの法的枠組みを議論する際に、よく引用される概念になっています。

日本の状況

　日本では、まだDAOに関する法律は制定されていませんが、現行の法規制を変えるべく議論が進められている状況です。

　現時点で特に参考になると思われるのが、自民党が2022年3月に提言としてまとめた「**NFTホワイトペーパー（案）**」です。

Part
6

DAOの総括

NFTホワイトペーパー（案）

Web3.0時代を見据えたわが国のNFT戦略

（概要版）

2022年3月

NFTホワイトペーパー（案）
https://www.taira-m.jp/NFTホワイトペーパー案20220330_概要版.pdf

　タイトルこそNFTとなっていますが、DAOを含めたWeb3（Web3.0）の全般事項について、今後の規制の見直し方向等を提言した資料となっています。その中からいくつかピックアップして解説します。

ビジネス面での発展に必要な施策は、次のようにまとめられています。

②NFTビジネスの発展に必要な施策	
問題の所在	提言
2. ランダム型販売と二次流通市場を組み合わせたNFTビジネスの賭博罪該当性が懸念されている	賭博罪の成否につき、関係省庁から事前に見解を求めることができる仕組みを整備すべき。少なくとも一定の事業形態が賭博に該当しないことを関係省庁から明確に示すべき
3. 外見上違いがないNFTが多数発行される場合に、当該NFTが暗号資産に該当するかが不明確	当該NFTが決済手段等の経済機能を有するか否かなどを念頭に、例示やセーフハーバーを設けるなどして、金融庁において、解釈指針を示すべき
4. NFTプラットフォーマーが暗号資産決済についてエスクローサービスを提供した場合、暗号資産交換業に該当するかが不明確	エスクローサービスにおける暗号資産の管理を、一定の条件の下で許容することを、金融庁においてガイドライン等に明記するなどの方法で解釈指針を示すべき
5. 銀行グループがNFT関連ビジネスを行おうとする場合、業務範囲規制との関係で法的位置付けが不明確	銀行業高度化等会社の認可取得において、過度に保守的にならない運用を確保すべき。金融庁において一定の例示を行うなど指針を示すべき
6. スポーツ・エンタメ業界などにおいて、二次流通にかかる実演家のロイヤリティ収受の権利関係の整理が十分にされていない	ソフトローの定立や新たな立法により、パブリシティ権の内容及び範囲の明確化を図るべき。NFTの二次流通から得られた収益還元のルール整備を行うべき
7. 複数のメタバースサービスでデジタル資産を相互利用する際に必要となる仕組みの共通化が未実現	日本の事業者がデファクトスタンダード確立に向けた、国際的な議論をリードできるよう、政府が積極的にイニシアチブを発揮し、業種横断的な情報収集や議論の場が設けるべき

ビジネス面の発展に必要な施策
https://www.taira-m.jp/NFTホワイトペーパー案20220330_概要版.pdf

No.2には、賭博罪の成否とあります。

例えば、米国ではスポーツ選手のプレー動画を、カード形式にしてNFTにしたものが人気を博して高額で取引されています。そして、このNFTをランダムに含んだパッケージが販売されています。運が良ければ人気の高いNFT、つまり希少価値があり高値で販売できるNFTを手に入れることができるのです。

ただ、日本でこのようなサービスを展開した場合には、賭博罪の構成要件に該当してしまう可能性があります。

賭博罪の構成要件は、簡単に説明すると、①勝敗の偶然性、②財産上の利益の得喪という両方に該当することです。ランダムに高額NFTを取得できるというサービスを行うと、両要件に該当する可能性を否めません。

正確には、これらのサービスが賭博罪にあたるかどうかについて、法務省等の関係省庁から見解が示されたことがなく、事業者としてはグレーゾーンに踏み込むことがリスクになっている状態です。

この問題はNFTについてだけに限らず、DAOでトークンを発行する場合にも同じことが言えます。

エアドロップ（ある条件を満たしたメンバーに、トークンを追加で無料発行する）といった手法を含めて、トークンの発行方法によっては賭博罪に該当しかねないというリスクがあるためです。

賭博罪以外にも、様々なグレーゾーンの問題があり、それらが「NFTホワイトペーパー（案）」にはリストアップされています。

また、様々な問題がある中でも、最もクリティカルと思われるのが税金の問題です。

仮想通貨を含めて、DAOの活動で報酬を得た場合の日本国内の税率は、諸外国に比べても非常に高率となっており、DAOやWeb3の関係企業・個人が、海外へ逃避せざるを得ないという状況になっています。

⑤ NFTビジネスを支えるBCエコシステムの健全な育成に必要な施策	
問題の所在	提言
15. 自社発行の保有トークンに対する時価評価課税の負担が非常に重く、ビジネスの海外流出の要因に	発行した法人が自ら保有するトークンは、期末時価評価の対象から除外し、実際に収益が発生した時点で課税するよう税制改正や取り扱いの見直しを行うべき
16. 新規暗号資産を発行する際の事前審査に長期間を要する	諸外国に比してトークン審査が過度に煩雑でないかを継続的に検証し、利用者保護に配慮しつつも、必要に応じた審査基準の緩和を行うべき
17. 投資事業有限責任組合（LPS）の投資対象事業に、暗号資産やトークンの取得・保有が明示的に含まれない	LPS法の改正や解釈明確化により、LPSによる暗号資産やトークンを取得・保有する事業への投資を可能にすべき。また、GPIF等によるブロックチェーン関連事業への投資の可能性について検討すべき
18.暗号資産を発行・保有する企業が、会計監査を受けられない事例が存在し、ビジネス発展の重大な支障に	会計監査を受けられない理由を明確化し、必要があれば会計基準の明確化を行うべき。また、NFT取引に適用される会計基準についても、明確化に向けた検討を早急に行うべき
19.個人の暗号資産取引の損益に、雑所得として最高55%の所得税・住民税が課される	個人の暗号資産取引の損益も、上場株式等の取引と同様に、20%の税率による申告分離課税の対象とすることも含め、検討を行うべき
20.国境を跨ぐNFT取引について、所得税・法人税・消費税の課税関係が一部不明確	海外当局と協力して、課税関係の明確化と、課税の公平性を担保するために必要な体制整備を行うべき

NFTビジネスを支えるシステムの育成に必要な施策
https://www.taira-m.jp/NFTホワイトペーパー案20220330_概要版.pdf

No.19にその問題が示されています。
現行制度では、株取引で利益を得た場合は申告分離課税（給与収入等の

他の所得とは合算せずに別扱い）とした上で利益の20%だけが課税されますが、仮想通貨（暗号資産）で利益を得た場合には総合課税（他所得と分離せずに合算する）の上で雑所得として最大55%も課税されてしまいます。

　この問題に対しては、早急に見直すといった強いトーンではありませんでしたが、株取引と同様とすることも含めて検討を行うべきとしています。
　提言本体の実際の文章を引用します。

> 　個人が行う暗号資産の取引により生じた損益について20%の税率による申告分離課税の対象とすること等を含めた暗号資産の課税のあり方については、暗号資産の位置付けや課税の公平性を踏まえつつ、検討を行う必要がある。

NFTホワイトペーパー（案）より

　特に、DAOが発行するガバナンストークンについては、議論が複雑になりそうです。
　ガバナンストークンとは、もともと組織を効率的に運営してガバナンスを働かせるための目的で発行されるものなので、全ての人が売買目的で保有しているわけではありません。あくまでそのトークンが広く流通していくにつれて副次的に、売買目的でトークンを保有する人も出てくるのです。
　特に、DAOの創設メンバーや運営企業は、初期に大量のガバナンストークンを自ら発行し保有することになります。そのトークンを年単位で時価評価されて含み益に対して課税されると、支払いのために運営者は大量にトークンを手放すしかなく、大量にトークンを手放したところで全てを時価で販売することは困難ですから、結果的に破産してしまうという最悪の事態になりかねません。

　このように税金については大きな問題が発生していて、この状態が早期に改善されなければ、日本でDAOが発展することは望めそうにありません。
　一方で、負担の公平性を重視する税金の問題であるため、一朝一夕に決

められる議論でもないように思います。

　業界関係者も強く問題提起しているテーマであり、今後の状況を注視したいと思います。

　なお、DAOについても、言及されています。

⑤ NFTビジネスを支えるBCエコシステムの健全な育成に必要な施策	
問題の所在	提言
21. 分散型自律組織（DAO）に適用される法令、法律上の位置付け、構成員・参加者の法的権利義務の内容、課税関係などが不明確	DAOは社会課題を解決するツールとなる可能性を秘めており、世界的な潮流を踏まえつつ、日本法における位置付けやDAOの法人化を認める制度（DAO特区、BC特区等）の創設について早急に検討すべき
22. BC技能に長けた日本の起業家・エンジニアが、厳しい規制や重い税負担を嫌い、海外に移住。また、海外の起業家・エンジニアも訪日を躊躇	短期的には、起業家・エンジニアに魅力的な開発環境、税制を実現すべき。また、海外人材向けに、暗号資産関連ビジネスに一定の知識・技能を有する人材向けの特別ビザ（クリプトVISA）の発給等、流入を促す施策を実施すべき。長期的には、デジタル関連の先端技術の人材の育成・確保に取り組むべき

DAOに関係する施策

https://www.taira-m.jp/NFTホワイトペーパー案20220330_概要版.pdf

　No.21にあるように、日本ではDAOの法的位置づけが決まっておらず、DAOの法人化を認める制度（DAO特区、ブロックチェーン特区等）もありません。

　提言の本体の中では、米国ワイオミング州のDAO法人を認める法律も引用しながら、日本においても立法的措置を早期に整備することを提言しています。

> 　日本法におけるDAOの法的位置付け、構成員・参加者の法的な権利義務の内容、課税関係等を早急に整理し、DAOの法人化を認める制度の創設（例えば、国家戦略特区を利用した「DAO特区」、「ブロックチェーン特区」の指定等）を早急に検討すべきである。

NFTホワイトペーパー（案）より

　提言書にはこのように記載されており、特区という形での先行的な実証実験についても視野にあるようです。

　そして、2022年8月末には、このホワイトペーパーへの「追加的提言」もまとめられました。

自由民主党 デジタル社会推進本部 Web3PT 御中

NFTホワイトペーパーへの追加的提言

Web3.JP 有志一同
2022年8月31日

NFTホワイトペーパーへの追加的提言
https://www.hottolink.co.jp/download/pdf/220831_Web3JP_tsuikateigen.pdf

　この提言は、米国を始めとして世界各国がWeb3で先行している現状の中で、日本に閉じた環境で国内ルールを整備するのではなく、日本がグローバルのエコシステムに主体的に加わることを目標としています。

　そして、Web3人材の国際的な流動促進、1兆円規模の国家資金のWeb3スタートアップへの投資等を提言しています。

　自民党の提言では、これらの問題に対して関係省庁が見解を示し、ガイドライン等を策定すべきであるとしており、今後の動きに期待したいところです。

27　DAOの活用分野

既に様々な分野で、DAOを効果的に活用しようという
取り組みが始まっています。特にコンセプトとして面白く、
今後も事例が増えていきそうな分野を2つご紹介します。

🔑 **KEYWORD**

- 地方創生DAO
- デジタル村民
- ファントークン

地方創生

　地方創生という観点からは、山古志住民会議の取組みが先進的であり面
白い試みだと思いますので紹介します。

新潟県長岡市の山古志の取り組み

https://note.com/yamakoshi1023

　山古志地域は、新潟県長岡市にあります。以前は山古志村でしたが、平成の市町村合併の中で行政区域としては長岡市に統合されています。地域として過疎と高齢化が進んでいますし、2017年の中越地震では大きな被害も受けました。

　この地域を発展させることを目的として、有志の方が「**山古志住民会議**」を立ち上げ、DAOの設立やNFTの発行等を行っているのです。

錦鯉NFTのウェブサイト

https://nishikigoi.on.fleek.co/

　この山古志住民会議が、2021年12月に最初に発行したのが、この**錦鯉NFT**です。10,000個限定のNFTを発売し、購入した人が「デジタル村民」になれるという仕組みです。過疎の村が先進的なNFTを販売するということの話題性もあり、多くの人がこのNFTを実際に購入したようです。

　これらの取組自体が、総務省の「**過疎地域持続的発展支援交付金**」として約1千万円の補助を受けており、長岡市もオフィシャルパートナーになっています。

　ちなみに、NFT販売やその他の仕組みの構築には、アドバイザーとして「ローカルプロデューサー」が協力しています。「ローカルプロデューサー」は、地域活性化事業を全国各地で支援している人たちです。実際のシステム構築については東京の企業が担ったとのことです。

　また、このNFT販売によって得た収益をもとに、「山古志デジタル村民総選挙」も実施しています。これは、山古志地域を存続させるためのアイデア募集を行い、そのアイデアに対してデジタル村民の投票によって意思決定を行うというものです。

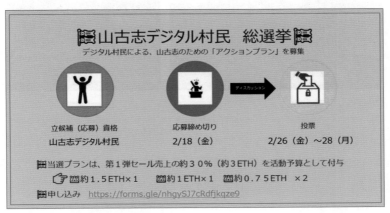

山古志デジタル村民総選挙

https://note.com/yamakoshi1023/n/na8cd78febd92

　山古志地域の実際の住民は約800人ですが、ここに新たなデジタル村民が加わり、一体となってこういった活動をしています。最初はデジタル村民が中心でチャット等のやりとりを行っていたところに、徐々に実際の山古志地域の住民も参加していくという流れのようです。

　DAO的な活動としては、「実際の住民にNFTを無償配布する」という投票を実施し、賛成100％で可決されたようです。

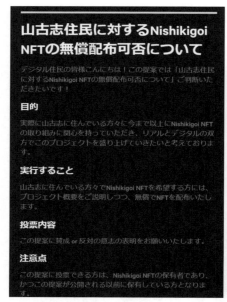
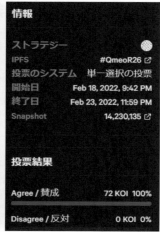

DAOとしての投票
https://snapshot.org/#/nishikigoi.eth/proposal/0xe8f5e54539ca5400328a50dccfe26
52c7fbd2226b6214bc67ac80cd07171c1f8

　地方創生の活動には、様々な取り組みを担う若手を中心とした人材が不可欠です。

　この山古志住民会議の取組みは、日本中の情報感度の高い人材をメンバーとして取り込むことに成功しており、DAOやNFTの仕組みをうまく地方創生に取り入れられていると思います。

スポーツ

　プロスポーツにおいては、ファンの獲得と保持が非常に重要ですが、そこに DAO が効果的に使われている例があります。ファントークンを発行し、トークンを購入した人にプロ選手に関係するグッズをプレゼントし、イベント等へ招待しているのです。そして、これらのファントークンの発行により、スポーツチームも資金を調達できます。

　このように、ファントークンを軸としたサービスを専門としているのが、Socios です。

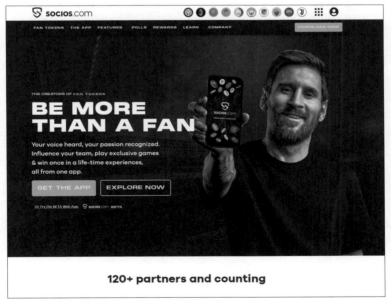

Socios のウェブサイト

https://www.socios.com/

　海外では様々なプロクラブがファントークンを発行しています。AC ミラン（トークン名は $ACM）、インテル・ミラノ（$INTER）、パリ・サンジェルマン（$PSG）等、著名なクラブが並んでいます。

ファントークンの例

https://www.socios.com/fan-tokens/

　ファントークンを購入した人は、チケットの抽選、オフィシャルグッズの割引き、そのクラブの限定コンテンツへのアクセス、クラブ関連のゲームやコンペティションへの参加、世界中のファンとのクイズで対戦など、様々な優待が用意されています。また、世界中のファンが集うリーダーボードがあり、ファンの貢献度を競い合うような仕組みもあります。

　また、クラブによっては投票イベントを行い、クラブの運営方針にファンが直接影響を与えることも可能となります。

　日本でも、いくつかのプロチームがファントークンの取組みを始めています。

　Jリーグの湘南ベルマーレは、2021年に「ベルマーレトークン」の売り出しを2回行いました。

日本で売り出されたファントークンの例

https://www.bellmare.co.jp/271758

　これは、FiNANCiE（フィナンシェ）という企業のサービスを使って実現しています。購入したトークンは、その後に売却することも可能です。

湘南ベルマーレのファントークンの相場市場

https://financie.jp/users/Shonan_Bellmare/cards

　ファントークンはスポーツチームに限らず、芸能人、アーティストなど、様々な領域で、ファンサービスの手段として注目されています。
　その企業やチームのコアなファンを獲得するために、それぞれ独自の限定特典をつけています。実質的に、株主優待やファンクラブの新しい形態と言えるでしょう。

28　DAOの今後に期待

「はじめに」にも書きましたが、DeFi、NFT、Web3といったサービスのほぼ全てにおいて、実は裏側でDAOが大きな役割を果たしており、縁の下の力持ちといった存在でした。
　この最後のセクションでは、今後のDAOがどうなっていくのかについて考えていきます。

KEYWORD
・金銭目的
・緻密にデザインできるルール設定
・新しい世界
・ブレークスルー

DAOの可能性はまだまだここから

　今まではDAOが支えているサービスが次々に注目されてきました。しかし、2023年以降では、**DAO自体も非常に注目を浴びる**のではないかと予想しています。

　これまでDAOが注目されてきた主因は、金銭的な理由でした。DeFiやNFTのサービスが多額の資金を集めて急成長し、ベンチャーキャピタルや投資家たちが先を争うように投資を行うという流れの中で、投資家から預かった資金を適切に運用し、組織全体の利害関係を適時、適切に調整する仕組みとしてDAOが利用されてきたのです。

　今後も、このような金銭目的の分野でDAOの重要性はますます高まっていくでしょう。

　ただ、それと同時に注目したいのが、**DAO自体が持つ組織設計能力**です。

　DAOでは、住居の離れた、世界中に分散している人々の中から、同じ目的、同じ方向性を持つメンバーが集まります。そこでは国境を超えて意見交換し、協働し、社会的な活動を行うことができるのです。そして、ガバナンストークンをベースとして、組織全体の意思決定のルールを緻密にデザインできます。

　ソーシャルDAOとして紹介したFWBや、最後に紹介した地方創生やプロスポーツの例が典型的ですが、これまではリアルの現場で、人を集めて組織を作ることが難しかった分野においても、DAOは効果的な組織を作ることができます。

　このように、**分散型の組織として、公平で緻密なルール設計ができるDAOの仕組みが、新しい世界を作るブレークスルーとなる**可能性が高いと考えています。

　今後、日本で、世界で、どのようなDAOが出現するのか。
それを見守るのも楽しいでしょうし、可能であればどこかのDAOに所属して自ら体験してみるのもいいでしょう。

　将来的に大化けするかもしれない素晴らしい世界の入り口が、今もどこかでひっそりと生まれているのかもしれません。

Part
6
DAOの総括

おわりに

　画期的な新しいサービスや技術が生まれたときには、大きな期待とともに肯定的な評価が集まりますが、やがて否定的な見解も集まってきます。DAOについても、これを画期的な仕組みとして絶賛する人たちがいる一方で、結局これまでの組織と変わらないと冷ややかな目で見ている人もいるというのが、現時点の状況でしょう。

　思い起こせば、2009年にブロックチェーン技術が誕生したときも、同じような賛否両論がありました。
　技術内容を理解できたエンジニアを中心に、これは世の中を変える画期的な技術だと絶賛する人もいる一方で、ただの電子データが貨幣と同様の価値を持つことなどありえず、一過的なブームに過ぎないと批判する人もいました。
　結果的に、ブロックチェーン技術は紆余曲折を経ながら発展し続け、様々な方面で活用されながら今に至ります。
　今後、DAOがもっと世の中に浸透するのか、そして世界を変えるような影響を与えるかどうかは、まだまだ未知数です。
　ただ、面白い仕組みであることは間違いありません。

　傍観者や批判者になっているだけでは、何かを得ることはできません。

・知らない言葉のままで放置するのではなく、その概要を理解する。
・批判的な視点を持ちながらでもいいので、具体的な仕組みを調べてみる。
・仕組みを知るだけでなく、自分自身でも試してみる。

　このように知的好奇心を持ちフットワーク軽く試してみることができる人が、結果的に成功をつかむのではないでしょうか。

本書を手に取りここまで読んで頂いたということは、知的好奇心にあふれ、具体的な仕組みを調べるという習慣がついている方に違いありません。

　本書を読んだ後は、どこかのDAOの門を叩いてみるというのも面白いかもしれませんね。

　DAOには本当に様々な種類のものがありますが、人との巡り合いも、技術との巡り合いも、一期一会です。

　この本が、読者の方々にとって人生に影響を与えるような「誰か」と出会えるきっかけとなれば、筆者としてうれしい限りです。

白辺 陽

Appendix

ブロックチェーン

　本書で解説した内容は、全てブロックチェーンの技術を大前提としています。

ブロックチェーン技術の概要

　ここではまず、ブロックチェーンそのものの仕組みを確認します。

　ブロックチェーン技術とは、その名のとおり暗号化した情報のブロックが、鎖（チェーン）のように次々に連なる仕組みです。

　ブロックに格納されている情報は、**取引履歴**です。例えば仮想通貨の送金であれば、誰が誰に対していくらの仮想通貨を送ったかという情報が取引履歴にあたります。それぞれの取引履歴が、時系列順にブロックに格納されています。

　この仕組みによって、もし１つのブロックだけを改ざんできたとしても、ブロックの情報は過去の取引履歴と繋がっているため、矛盾が発生してしまいます。つまり、全てのブロックを改ざんしなければ、改ざんが成立しません。そのような改ざんは現実的に非常に困難であり、だからこそ、暗号としての強度が非常に高くなっています。

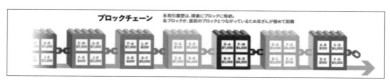

ブロックチェーンのイメージ図
　出典：経済産業省「ブロックチェーン技術を利用したサービスに関する国内外動向調査」

　ブロックに含まれる取引履歴の具体的な中身について、もう少し詳しく見てみましょう。各ブロックの中には、主としてタイムスタンプ、トランザクション情報、ハッシュ値の３種類の情報が含まれています。

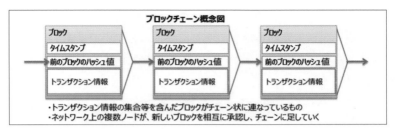

各ブロックの関係性

出典：経済産業省「ブロックチェーン技術を利用したサービスに関する国内外動向調査」

タイムスタンプとは、日付や時刻の情報です。

トランザクション情報は、誰から誰へ受け渡したかという取引内容の記録です。通常、1つのブロックには、複数の取引の記録が含まれています。

ハッシュ値は、前のブロックの情報をハッシュ関数という技術を使って暗号化した値です。この値がブロックチェーンの肝なのですが、少々複雑なので詳しく説明します。

ブロックを生成するときには、1つのブロックにあるこれらの情報全てをインプットとして、ハッシュ値を計算します。

ハッシュ値の計算に使うハッシュ関数とは暗号技術の一種ですが、基本的にインプットが変わればアウトプット（ハッシュ値）も必ず変わるという特性を持っています。

ハッシュ値の仕組み

出典：経済産業省「ブロックチェーン技術を利用したサービスに関する国内
外動向調査」

　つまり、インプットであるトランザクション情報の中身を改ざんすれば、ハッシュ値も変わるため、すぐに改ざんを検出できます。改ざんを防止するために、ハッシュ値という仕組みを入れているわけです。

　ここで、**ハッシュ値がチェーン状に連なっていること**がポイントです。各ブロックに含まれるハッシュ値は、前のブロックの内容を反映したものになっている状況です。

　例えば、概念図の一番左側のブロックのトランザクション情報を勝手に書き換えたとします。すると、トランザクション情報を含むブロック全体の情報が変わったことになり、その情報をもとに生成したハッシュ値も変わってしまいます。

　しかし、真ん中のブロックには、左のブロックの改ざん前のハッシュ値が記録されています。

　すると、前後のブロックでハッシュ値が合わないという矛盾が発生するので、**どこかで改ざんが発生したことを検知できる**わけです。

ブロックが連鎖する仕組みの本質

　さて、非常に重要な部分なので、少し技術的に踏み込んで解説します。

　ブロックチェーン上にあるそれぞれのブロックのハッシュ値を計算するというのは、実はかなり大変な作業です。

　しかし、ある工夫によって**多くの人がこの計算を競い合って実施するという状況**を生み出すことができたのです。だからこそ、ブロックチェーン技術はここまで大きく進展することができました。

　この工夫とは、「ハッシュ値を計算する」という大変な作業に対して、**その作業を行った人に報酬を与える**ことです。仮想通貨の「**マイニング**」という言葉を聞いたことがあるかもしれませんが、その実態はハッシュ値の計算なのです。マイニングとは採掘の意味であり、鉱山を掘り進めて金塊を得ることに例えています。

ここからは、ブロックチェーン技術というより仮想通貨としてのビットコインの説明になりますが、そのメカニズムを見てみましょう。

　ビットコインでは、各ブロックのハッシュ値について、ある特別な条件をつけています。それは、**ハッシュ値の先頭に、一定数以上のゼロが続くこと**という条件です。

　実際の例を見たほうが分かりやすいので、次の図をご覧ください。ハッシュ値の先頭に19個ものゼロが続いています。

Block 717584 ⓘ

This block was mined on January 07, 2022 at 8:44 PM GMT+9 by Unknown. It currently has 1 confirmations on the Bitcoin blockchain.

The miner(s) of this block earned a total reward of 6.25000000 BTC ($264,538.38). The reward consisted of a base reward of 6.25000000 BTC ($264,538.38) with an additional 0.07675066 BTC ($3,248.56) reward paid as fees of the 2299 transactions which were included in the block. The Block rewards, also known as the Coinbase reward, were sent to this address.

A total of 39,400.33023816 BTC ($1,667,663,893.71) were sent in the block with the average transaction being 17.13802968 BTC ($725,386.64). Learn more about how blocks work.

Hash	000000000000000000039196bb8475d9e6aa2a7361a0b88889f37fb93f491030
Confirmations	1
Timestamp	2022-01-07 20:44
Height	717584

先頭に一定数の
ゼロが続いている

ビットコインのブロック情報の一例。ハッシュ値の先頭にゼロが続いている。
https://www.blockchain.com/btc/block/00000000000000000000039196bb8475d9e6
aa2a7361a0b88889f37fb93f491030

　実際のハッシュ値の計算では、前のブロックの情報だけでなく、ナンスというある使い捨ての数字を加えてハッシュ値を算出します。ナンスがある特定の値になったとき、ハッシュ値の計算結果が、先頭にゼロが19個続くという特別な形になります。しかし、**この特定の値を探し出すのが大変**なのです。基本的にはナンスの値を変えながら総当たりでの計算をするしかなく、コンピュータの膨大な計算能力が必要となります。

　そして、この総当たりの計算を、多くの人が競い合って実施しています。**最初に条件に合う答えを見つけた人に、ビットコインでの報酬が支払われる**からです。

　また、インプットとなる「前のブロックの情報」についても、実例を見てみましょう。おそらく、想像されているよりもはるかにたくさんの情報が含まれています。

　ブロックチェーンでは基本的に10分間に1回の頻度でブロックを生成しますが、この10分間の間に行われた全てのトランザクション（取引）の情報が、各ブロックに含まれているのです。

Block Transactions

Fee	0.00000000 BTC (0.000 sat/B - 0.000 sat/WU - 217 bytes) (0.000 sat/vByte - 190 virtual bytes)		6.32675066 BTC
Hash	bc0d742095494120ebf21404bdf342189435...		2022-01-07 20:44
	COINBASE (Newly Generated Coins) ➡	19dENFt4wVwos6xtgwSt... OP_RETURN	6.32675066 BTC ⊕ 0.00000000 BTC
Fee	0.00100000 BTC (348.432 sat/B - 87.108 sat/WU - 287 bytes)		1.19447921 BTC
Hash	07e5cbef8896e8d9da2c89cc0f6bf43fdf14f3...		2022-01-07 20:37
	17A16QmavnUfCW11DAAp... 1.19547921 BTC ⊕➡	36oQWnPSHti5WXuMMT... 0.28893125 BTC ⊕ 3HKm1z9246d2ijU1JmkZ... 0.69550000 BTC ⊕ 17A16QmavnUfCW11DAA... 0.21004796 BTC ⊕	
Fee	0.00060000 BTC (317.460 sat/B - 79.365 sat/WU - 189 bytes)		0.00196963 BTC
Hash	4acd4d473b06ca0e2428a0d4415a5dd006c...		2022-01-07 20:35
	1AYEgbBZEbzLihxLqqYa... 0.00256963 BTC ⊕➡	3GKzR29LdyXg8Vao8Mn... 0.00196963 BTC ⊕	

高頻度でブロックが生成されている。
https://www.blockchain.com/btc/block/0000000000000000000039196bb8475d9e6
aa2a7361a0b88889f37fb93f491030

　この図では3個のトランザクションが表示されています。それぞれが、誰から誰へ、いくらのビットコインを受け渡ししたかという情報となっています。

　この画面に表示されている情報は、全体のうちのごく一部です。例示したブロック（Block 717584）には、上記のようなトランザクション

が2,299個含まれていました。もちろん、ブロックによって記録されている取引の数は異なりますが、かなりの情報量です。

　これらの全ての情報をインプットとした上で、ナンスを加えてハッシュ値の計算をして、その結果が先頭にゼロが19個並ぶようにするということが、計算競争の具体的な内容なのです。

ブロックチェーンという素晴らしいビジネスデザイン

　この仕組みこそが、天才しか思いつけない素晴らしいビジネスデザインなのだと思います。

　ブロックチェーンで新たに取引した内容がある程度（この例では2,299個）溜まった段階で、その取引を承認し、ブロックを生成するための計算競争にかけます。初めてハッシュ計算に成功した人には、報酬とともに新たなブロック（この例ではBlock 717584）を生成する権利が与えられます。そして、その後も繰り返し操作が実施されます。次の数千個のトランザクションが溜まれば、また計算競争にかけて、誰かが次のブロックを作ります。こうやって、ブロックが連鎖していきます。

　報酬をうまく活用することで、多くの人が参加するほどシステム全体の信頼性が高まっていくという構造になっているのです。

　ブロックは、約10分に1回生成されます。正確には、ブロックを生成するための計算競争が10分に1回程度で完了するように、先頭につけるゼロの数を調整する仕組みになっています。ゼロの数を増やすほど、難易度が上がり計算完了までの時間が長くなります。

　先ほどの例では「Block 717584」と記載されていましたが、これはビットコインの実運用が始まってから71万7584個目のブロックであることを示しています。このブロックは、2022年1月7日に作られました。

　ビットコインの実運用が始まったのが2009年1月12日なので、この時点で約13年が経過しています。単純平均で計算すると9.5分に1

回の割合でブロックが生成されたことになり、ほぼ設計どおりの実績となっています。

　なお、鋭い方は次のような点を疑問に思うかもしれません。1つのブロックだけでなく、後続のブロックもハッシュ値を含めて全て書き換えれば、改ざんが成功するのではないかという点です。

　実は、その答えはYesです。
　例えば、ある攻撃者が、改ざんしたブロックに連なるブロックを次々に作り出した場合は、ブロックチェーン上に本物と偽物の2つのチェーンができてしまいます。この際にどうやって本物を見分けるかについてですが、基本的に多数決になります。
　ビットコインの例では、**チェーンが最も長いものが本物**というルールになっています。ハッシュ値の計算競争に勝ってブロックを作るには、かなりのコンピュータ計算能力が必要なので、長いチェーンを作成するには、とてつもなく膨大な計算能力が必要です。
　一般的に偽物のチェーンを本物であると認めさせるには、計算競争に参加している計算能力の半数以上を、攻撃者が持つ必要があります（51%攻撃、と呼んでいます）。これが現実的でないという点で、「皆で信頼性を担保」という仕組みができあがっているのです。

　これが、暗号化した情報が次々に連鎖するという、ブロックチェーンのコアとなる仕組みです。

　これが、暗号化した情報が次々に連鎖するという、ブロックチェーンのコアとなる仕組みです。
　ブロックチェーン技術は、最初は仮想通貨のために利用されました。その初めての適用例がビットコインで、その後に数千種類もの仮想通貨が生み出されました。

しかし、ブロックチェーン技術の適用は仮想通貨に留まりません。NFTという形で1点物のデジタル作品の取引履歴の保証にも使われていますし、DeFi（分散型金融）やDAOという形で様々な応用例が生まれています。

ビットコイン

　では、改めてビットコインそのものについてご紹介しましょう。

　仮想通貨の代表格が、**ビットコイン**です。今では数千種類もの仮想通貨があると言われていますが、時価総額で過去から一貫して圧倒的な首位の座にあり、首位を明け渡したことがありません。仮想通貨の不動のナンバーワンと言ってよいでしょう。

　しかし、そのビットコインの相場は乱高下を続けています。大幅な上昇局面や下降局面で、大金持ちになったり、逆に大金を失った人もいたりで、その度に社会的に大きな話題となっています。

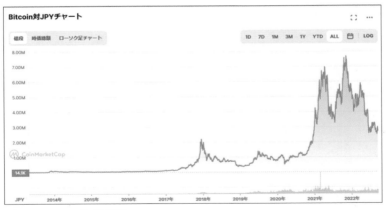

ビットコインの取引相場

https://coinmarketcap.com/ja/currencies/bitcoin/

　ビットコインが誕生した2009〜2010年頃は、まだ通貨としての価値は、ほぼありませんでした。初めて通貨として利用されたのは、ピ

ザ2枚を 10,000 BTC で買ったという話が有名です。BTC とは、ビットコインの通貨単位です。

　2011 年に入り、TIME 誌で特集が組まれるなど多くの人に認知され、1 BTC が 80 円程度の価値まで上昇しました。その後も上下動を繰り返しながら、どんどんと価値が高まっていきました。2018 年の急上昇では、1 BTC が 200 万円を超える局面もあり、2021 年の急上昇では、なんと1 BTC が 700 万円を超えました。

　今でもビットコインの価値は激しく揺れ動いており、安定した価格水準とはなっていません。

　ビットコインは、仮想通貨にブロックチェーンの技術を応用したものです。

　そのため、ビットコインが誕生してから現在に至るまでの全ての取引（トランザクション）の履歴がブロックチェーン上に記録されており、公開されています。公開されている情報は、いくつかのウェブサイトでも確認できます。

　確認してみると、一番最初のトランザクションは、2009 年 1 月 12 日に生成されています。

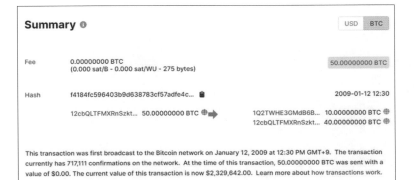

一番最初のトランザクションの内容。全ての取引履歴が公開されており、誰でも確認できる。
https://www.blockchain.com/btc/tx/f4184fc596403b9d638783cf57adfe4c75c605f6
356fbc91338530e9831e9e16

このトランザクションは、ブロックチェーンの創設者とされている謎の人物であるサトシ・ナカモトから、ハル・フィニー（Hal Finney）という人物（故人）へ10 BTCを送ったという内容になっています。

■イーサリアム

ブロックチェーン技術とビットコインが誕生したのが、2009年のことでした。

その後、2015年に、ビットコインとは違う特徴を持ち合わせた新しい仮想通貨のプラットフォームとして、イーサリアムが誕生します。ブロックチェーンの技術をベースとして、様々なプログラムを開発できるようになっているのが特徴です。

イーサリアムによって、仮想通貨だけでなく、DeFi、NFTといった多様なサービスが生まれることになりました。

イーサリアムのウェブサイト

https://ethereum.org/

　ビットコインは、ブロックチェーン上で実現した仮想通貨でした。仮想通貨としての価値を担保して、他者へ送金できるという点が大きな特徴でした。

　その一方で、新しく開発された**イーサリアム**は、**ブロックチェーン上に構築する様々なアプリケーションのプラットフォーム**となることを目指して作られています。

　なお、イーサリアム上で使われる仮想通貨は、ETH と呼ばれています。

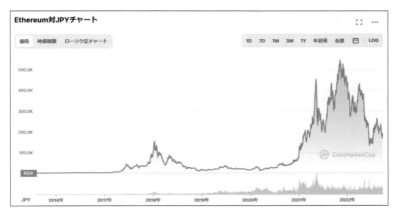

イーサの取引相場

https://coinmarketcap.com/ja/currencies/ethereum/

ETH の取引が始まった 2016 年当初は 1 ETH あたり数百円程度の価値でしたが、2018 年に 10 万円以上へと値上がりします。その後、相場はしばらく落ち着きましたが 2021 年になって急激に値上がりし、一時期は 50 万円以上へと値上がりしました。

その後急落し、2022 年の半ばには 14 万円程度にまで落ち込み、その後に 20 万円前後となっています。ビットコインと同様に、現在でも非常に価値変動が激しいという状況です。

ただ、いずれにしても仮想通貨が百花繚乱の時代にあって、ダントツのシェア 1 位がビットコインであり、それに次ぐ不動の第 2 位の座にあるのがイーサリアムです。

DeFi や NFT といった市場を席捲するサービスが、主としてイーサリアムを前提に構築されていることもあり、このように人気に拍車がかかっている状態です。

そして、イーサリアムがこのように様々なサービスを作り出す基盤となれた理由が、次のセクションで説明するスマートコントラクトです。

▌スマートコントラクト

　イーサリアムは多くの特徴を持っていますが、その目玉となるのが「スマートコントラクト」という機能です。この機能を使えば、仮想通貨のやりとり（取引）のルール、つまり、「どのような条件を満たせば、誰から誰へ、いくらの通貨を送るかといったルール」を、自由にプログラミングできるのです。

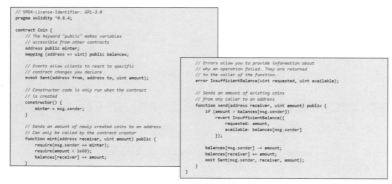

スマートコントラクトのプログラムの一例

https://docs.soliditylang.org/en/v0.8.4/introduction-to-smart-contracts.html

　上の例では、「creator」という役割の人だけが新しいコイン、すなわち仮想通貨を発行できる、誰でもお互いにコインを交換できるといった条件やルール等をプログラミングしています。

　ちなみに、スマートコントラクトではSolidityというプログラミング言語が使われています。

　スマートコントラクトを使えば、仮想通貨取引、マーケットプレイス、ゲームなど様々な分野で、自由に取引ルールを作り、それを自動実行できる非常に信頼性の高いアプリケーションを作ることができます。

　これらのアプリケーションを、**DApps**（Decentralized Applications：分散型アプリケーション）と呼びます。

次に紹介しますが、DeFi（分散型金融）では需要と供給に応じて利率を自動算定するなど様々な処理が自動実行されるのですが、これらの機能はこのスマートコントラクトによって実現されています。

そして、この仕組みがあるからこそ、特定の仲介者や管理主体を必要としない形で、分散型のサービスを提供できるようになったのです。

DeFi（分散型金融）

DeFiとは、分散型金融（Decentralized Finance）の略称です。

DeFiの具体的なサービス内容を一言で説明するならば、**仮想通貨自体に埋め込まれたプログラムで完全自動実行される、無人の金融サービス**というイメージです。

もちろん、従来の銀行も堅牢な情報システム（勘定系システム）を作って、ほぼ全ての取引をプログラムによって処理しています。しかし、利用者から見ると、あくまで銀行という組織自体を信用して入金、送金等の処理を行っているだけです。すなわち、**その銀行の信用がサービスを保証している**わけです。

一方で、仮想通貨では、**そのデータ自体が価値を持っています**。たとえ、仮想通貨を取引した組織が倒産したとしても、仮想通貨のデータを保全できていれば価値は失われません。

そして、その仮想通貨のデータと一体的に動作するプログラムによって、様々な金融取引が行えるというのが、**DeFi**なのです。つまり、組織自体への信用によって成立していた従来の銀行とは全く異なる新たな仕組みが生まれているのです。

DeFiは、かなり複雑なサービスになりますが、ここではDeFiのサービスの中でも、代表的な2種類のサービスについて概略をご説明します。

● レンディング（貸付）

　従来、一般的に事業を運営するための資金を調達するには、銀行に資金貸付の依頼をしていました。そして、その銀行側は預金者が預けた預金をもとに企業に資金を貸し付け、利子という形で収益を得ているわけです。

　ただし、日本では低金利・低成長時代が長く続いているので、銀行側は貸付金利を高くすることができません。銀行は、貸付金利と預金金利の差が利益の源泉なので、預金金利も引き下げざるを得ず、結果として最近では銀行の預金金利がほとんどゼロということが常態化しています。

　DeFiでは、この資金の貸し借りを、銀行等の仲介なしで取引することができます。つまり、仲介者のコストが不要となるので、貸し手と借り手の双方にとってメリットが大きくなります。正確には、DeFi側にはプラットフォームとしての取り分が存在しますが、銀行に比べるとコストはかなり低いのが特徴です。

　レンディングの代表的なサービスが、**Compound**です。

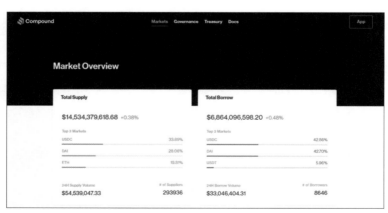

Compoundのウェブサイト

https://compound.finance/markets

レンディングサービスが多くの投資家たち（貸し手）を引き付けている理由は、やはり金利（利率）です。

Market		Total Supply	Supply APY	Total Borrow	Borrow APY
(S)	USD Coin USDC	$4,926.32M +0.01%	1.90% –	$2,942.09M -0.07%	3.46% –
(D)	Dai DAI	$4,081.96M -0.18%	2.53% +0.08	$2,931.30M +1.51%	4.18% +0.07
◆	Ether ETH	$2,878.88M +1.29%	0.25% -0.01	$271.26M -0.85%	3.41% -0.02
(B)	Wrapped BTC WBTC	$1,121.49M +3.81%	0.53% -0.02	$136.29M +0.87%	5.55% -0.10
(T)	Tether USDT	$618.94M +0.04%	2.33% -0.03	$409.16M -0.50%	3.84% -0.02
(U)	Uniswap UNI	$250.47M -2.38%	0.36% -0.16	$21.15M -22.60%	5.81% -0.94

Compoundで取り扱っている仮想通貨とその利率の一例

https://compound.finance/markets

　一番上に表示されているUSD Coin（USDC）とは、米ドルと価値が連動するように設計された仮想通貨です。1 USDCが常に1米ドルの価値となるように発行元が調整しているため、**ステーブルコイン**（安定したコイン）と呼ばれます。

　このUSD Coinを預け入れると、年利1.9%もの利子が付くということになります。これは、低金利が続く時代の中で、通常の銀行では絶対に提示できない高い水準です。

　一方で、USD Coinを借りるときは、年利3.46%の利子を支払うことになります。

　USD Coinは米ドル連動であるため、通貨としての価値が非常に安定していることが特徴です。一方、レンディングプラットフォームには、基軸通貨（円や米ドルなど）に連動しない仮想通貨も多数存在します。このような仮想通貨に対しては、さらに高い利率がつくことが多いです。

　実はこの利率は、プログラムによって**自動的に増減**するように設計されています。そしてこのプログラムもスマートコントラクトを利用しています。

　利率の自動設定は、仮想通貨ごとの使用率に基づいて行われます。その基本的な考え方は、利用者が預け入れる（Compoundが借り入れる）仮想通貨の量が多いほど金利を低くするということです。

　そして、**このロジックが公開されていること**が重要です。これにより、市場で何らかの変化が起こって仮想通貨への需給状況が変化した際に、金利がどのように変化するかを誰もが正確に予測することができます。

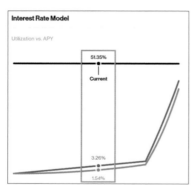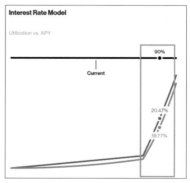

Compoundにおける USD Coin の利率設計。緑色の線が預入金利、紫色の線が貸出金利を示している。

　この画像撮影時点の USD Coin の使用率（Utilization）は左図にあるように51.35％です。この時、預入金利は1.54％、貸出金利は3.26％となります。

　もし、USD Coin へのニーズが高まり使用率が90％になった際には、右図のように預入金利が16.77％、貸出金利は20.47％にまで高騰します。

◉ DEX（分散型取引所）

DEX（分散型取引所）は、仮想通貨同士を交換することができるサービスです。

DEXの代表的なサービスが、**Uniswap**です。

Uniswapのウェブサイト

https://uniswap.org/

Uniswapは、24時間いつでも取引を行うことができるDEXです。非営利目的で運営されていて、手数料がほとんど発生しないという特徴があります。2018年から運営が行われており、1,500種類以上の仮想通貨を取り扱っています。

Uniswapの主要な機能は、その名のとおりswapサービス、つまり仮想通貨間での交換を行うことです。

自分が保有している仮想通貨の種類と、交換したい仮想通貨の種類を指定すると、交換比率が表示されます。例えば、ETHとUNIという2種の仮想通貨を交換する場合を見てみましょう。

Uniswapで仮想通貨を交換する際の画面。この例ではETHとUNIを交換
しようとしている。

https://app.uniswap.org/#/swap

　この場合、1 ETHに対して、247.461 UNIで交換できると分かりまし
た。とはいえ、ここまでは普通の取引所と同じように思えます。従来
も、中央集権型の仮想通貨取引所（多くの人に信頼された大企業が運
営する取引所）が存在し、同様に仮想通貨間の交換サービスを展開して
いました。

　DeFiとしての大きな特色の1つとして、利用者の本人確認が基本的
に不要ということがあります。驚くことに、このような仮想通貨の交
換を行う際に、利用者がUniswapでアカウント等を作成する必要すら
ないのです。

　既に仮想通貨を保有していれば、このUniswapのウェブサイトから
ウォレット（仮想通貨を格納したソフトウェア）を同期させるだけで、
第三者の介入なく直接、即時に交換を行うことができます。

　従来の金融取引では、取引を仲介する取引所自体の信頼性が非常に
重要でしたが、DeFiの場合はそのような組織としての取引所（今回は

Uniswap) 自体に信頼性があるわけではありません。**Uniswapで自動実行されるプログラムだけを信用して取引を行う**のです。このプログラムがブロックチェーン技術を高度に応用して作成されているため、多くの人から信頼されていて、豊富な取引実績があるのです。

▍NFT

一言で表すと、**NFTとは取引履歴を技術的に保証するデジタル技術です。**

アーティストが作ったデジタル作品自体のデータをコピーすることは簡単ですが、アーティストがNFTを使って「世界に1個だけ」販売した作品は、永遠に世界に1個しかありません。裏にブロックチェーンの技術があり、誰から誰へ受け渡されたという取引履歴がしっかりと記録され、現実的には改ざんできない状態になっているからです。

また、作品自体コピーは容易ですが、取引履歴も含めた完全なコピー（つまり、2個目のにせもの）を作ることも現実的にはできません。

だからこそ、表面的には誰でもコピーできるデジタル絵画であっても、作者本人が「**世界にただ1つ**」だけ作成したNFTアートということで、75億円もの価値がついたのです。

NFTアートは、購入したものを再出品するなど、二次流通させることもできます。そのため、資産の値上がりを期待して買う人も多いようです。

また、通常の中古取引では、どんなに資産価値が上がっていっても、基本的に作者本人には利益が還元されません。しかし、NFTであれば、二次流通の取引が進むごとに、**作者本人にも一定割合の利益が還元される**、という仕組みも簡単に実現できるのです。

⊙ Non-Fungible（非代替性）とは

　　NFTとは、Non-Fungible Token（非代替性トークン）の略称です。Fungibleとは、あまり見慣れない単語ですが、「交換可能」、「代替可能」という意味です。ここでは、「等価交換できる」という意味で考えると分かりやすいでしょう。

　　等価交換できるものとは、例えばお札とか、硬貨とか、ボールペンとか、トイレットペーパーとか、我々が日常で使っているほとんどの物のことです。

　　1,000円札は、どの1,000円札でも同じ価値を持つので、特定の1枚のお札に価値を見出す人はいません。ガバナンストークンとは、もともと組織を効率的に運営してガバナンスを働かせるための目的で発行されるものなので、全ての人が売買目的で保有しているわけではありません。あくまでそのトークンが広く流通していくにつれて副次的に、売買目的でトークンを保有する人も出てくるのです。他と交換しても問題ないという意味で、このようなもののことを「**交換可能**」と言っています。

　　一方で、Non-Fungible（非代替性、交換不可能）とは、特定のモノ自体に価値があり、他の同様のものと交換するわけにはいかないもののことです。ここでは、**「等価交換できない」**という意味で考えると分かりやすいでしょう。

　　1,000円札であっても、番号がゾロ目になっているような特別なお札であれば、普通のお札と交換したくないですね。

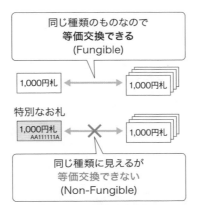

同じ種類のものなので
等価交換できる
(Fungible)

1,000円札 ←→ 1,000円札

特別なお札
1,000円札
AA111111A ←→✕→ 1,000円札

同じ種類に見えるが
等価交換できない
(Non-Fungible)

特定のモノ自体に価値がある場合は等価交換できない

等価交換できるかできないかの境目は、きっちりと分かれているわけではありません。

所有している人にとってその特定のモノに価値を感じるかどうか、そのような価値観によって区別されるものといえます。

なお、トークンの実体としては、スマートコントラクト上で特定の規格に沿って作られたデータになります。

○ NFTアート

NFTは、ブロックチェーンの技術を大前提として作られています。
比較的新しい技術であり、技術として生まれたのが2017年のことです。

簡単なイメージだけを先にお話ししましょう。デジタルデータに対してNFTの処理を行うと、ブロックチェーンの技術を使って**偽造不可能な唯一無二のデータ**へと変換することができます。この状態のデータを、技術としてのNFTと区別して「NFTアート」と呼ぶこともあります。ただ、一般的にもNFTアートのことを含めてNFTと呼んでいる例が多いので、本書でもNFTとしています。

Appendix

そして、作成したNFTを取引できるマーケットプレイスが色々と存在します。

基本的に、どのマーケットプレイスも同じNFT技術（ERC-721）を使っています。ですので、あるマーケットプレイスで購入したものを、他のマーケットプレイスで売るということも原理的に可能になっています。

実例を見てみましょう。

マーケットプレイスで出品されているNFTの例
https://opensea.io/ja/assets/ethereum/0x88dc75fde07a075fd97e90641f0b1e2c7ba
2a0ba/1

このコンテンツも売りに出されていますが、価格は0.39 ETHです。

ETHの価格は急激に変動しているところですが、現時点で1 ETHは40万円程度です。つまり、このモンスターのNFTアートは、約16万円の売値で販売されているということです。この値段で買う人がいれば、即決で買うことができます。

一方で、画面右側に「オファー」があります。この値段なら買ってもいいというのがオファーであり、0.39 ETH（約8万円）でオファーされています。

売り手がこの値段でOKを出せば、取引が成立します。

　NFTアートの取引自体は、ネットオークションと同じような方式です。ただ、**ロイヤリティというNFTならではの仕組み**が別途用意されています。

　これは、この作品が、今後どんどんと二次流通が進んでいったときに、価格の一定割合を作者自身に還元する仕組みです。その割合自体も、作者が最初にNFTを売り出すときに自由に決めることができます。

　例えば、作者への還元割合を10%に設定したとしましょう。それに加えて、マーケットプレイス（OpenSea）のプラットフォームとしての手数料が2.5%かかります。つまり、売買成立時には、合計12.5%が手数料として、売り手の収入から差し引かれます。

　今までの現物の中古流通では、後からどんなに高額で取引されるようになっても、作者自身には全く還元されない（お金が入らない）ということが普通でした。NFTではこのような仕組みで作者自身へ還元しており、アートを創作する上での大きなモチベーションにつながるように思います。

　なお、作者が最初にアート作品にNFTの処理を行い、マーケットプレイスへ出品する際には、ある程度のお金がかかります。

　お金のかかり方は、マーケットプレイスの種類により大きく異なりますが、例えばOpenSeaの場合は、個々のコンテンツを売り出すことには手数料はかかりません。

▌Web3

　Web3 という言葉が、バズワード的に流行り始めています。

　この言葉が提唱されたのは、2014 年のことです。その後、2020 年、2021 年とこの言葉が広まっていき、2021 年の後半あたりから使用頻度が一気に伸びてきているように思います。

　バズワードは、この業界の風物詩であり、新陳代謝の証です。

　では、この見慣れない Web3 という言葉は、何を表しているのでしょうか。

　Web3 という新しい技術が生まれたわけではありません。仮想通貨（暗号資産）に代表されるブロックチェーンという技術が、十数年をかけて着実に進化してきました。**そのブロックチェーン技術が生み出すサービスを総称**して Web3 と呼んでいます。

　ブロックチェーン技術の進化と応用は凄まじいです。ブロックチェーン技術とは、簡単に説明すると、暗号化された情報のブロックが鎖（チェーン）のように次々と連なる仕組みです。情報の改ざんに強いことが特徴で、初期にはビットコインのように通貨としての役割を担うことで注目されていました。この技術を応用した様々なサービスが登場し、最近では、**DeFi**（分散型金融）、**NFT**（取引履歴を保証するデジタル技術）、**メタバース**（三次元仮想世界での交流）、**GameFi**（ゲームの中で収入を得る仕組み）、といった様々な形態で圧倒的な成功モデルを生み出し、多くの投資家たちが巨額の資金を投じています。

　さながら、ネズミのように小さかった哺乳類の先祖が、様々な環境を生き抜いて巨大な象、ハイスピードのチーター、空を飛ぶムササビ、海で暮らすイルカなど、全く異なる生き物に進化して、それぞれが脈々と繁栄を続けているような状況です。

　そして、これらの DeFi、NFT、メタバース、GameFi といった**新しい**

サービスを総称して、Web3 というキーワードが生まれたのです。

　今まで、決済などの取引においては、それを実行する取引相手や、仲介する人・企業の信頼が重要でした。

　しかし、ブロックチェーンやそれを応用したスマートコントラクトなどの技術により、そのような取引をプログラムが確実に自動で実行する仕組みが、歴史上初めて現実的になりました。ごく少額の決済から多額の決済までを、ほとんど手数料がかからない形で確実に自動実行できるのです。

　だからこそ、その仕組みを活用して、**報酬を与えるシステムを細かく組み上げ、新たなビジネスモデルやエコシステム（生態系）を作ることができる**ようになったのです。Web3 が世界を変える技術と言われている本質は、ここにあります。

　バズワードを作り出すことが大好きな IT・ウェブ業界ですが、**Web3 というキーワードには大きなポテンシャル**を感じます。なぜなら、この言葉が旗印となることで、今までのサービスが再注目されるとともに、新たなヒト、モノ、カネを呼び込んで、さらに大きな渦を作り出す可能性があるからです。

■ 索 引

190

■本書のサポートページ

https://isbn2.sbcr.jp/18896/

- 本書をお読みいただいたご感想を上記URLからお寄せください。
- 本書に関するサポート情報やお問い合わせ受付フォームも掲載しておりますので、あわせてご利用ください。

■著者紹介

白辺 陽（しらべ よう）

新サービス探検家。
夏の雑草のように新サービスが登場するIT業界で仕事をしながら、将来性を感じるサービスについて調べてみたことを書籍としてまとめています。 新サービスの多くはユニークな技術を使った新しいコンセプトを持っていて、まだ日本語での参考資料が少ないものも多いのですが、自分自身が納得いくまで理解した上で、例示・図解・比喩を多用して読者の方に分かりやすく伝えることを信条としています。 未開拓の山に入り、藪をかき分けて道を作り、絶景が見られるポイントまでの地図をつくる。そんな仕事を続けていきたいと考えています。

図解と事例でわかる DAO ブロックチェーンで実装される「分散型自律組織」の基本

2023年3月31日　初版第1刷発行

著　者	·············	白辺 陽
発行者	·············	小川 淳
発行所	·············	SBクリエイティブ株式会社
		〒106-0032 東京都港区六本木2-4-5
		https://www.sbcr.jp/
印　刷	·············	株式会社シナノ

カバーデザイン	·············	waonica
制作	·············	クニメディア株式会社

落丁本、乱丁本は小社営業部（03-5549-1201）にてお取り替えいたします。
定価はカバーに記載されております。

Printed in Japan　　ISBN978-4-8156-1889-6